EL LIBRO DE ENOC

El Libro de Enoc. Fabio R. de Araujo (introducción y edición)

Indice

Introducción

El Libro de Enoc (o Libro de Henoc, abreviado 1 Enoc) es un libro que es parte del canon de la Biblia de la Iglesia ortodoxa etíope. El no es reconocido como canónico por las demás iglesias cristianas, a pesar de haber sido encontrado en algunos de los códices por la Septuaginta (Códice Vaticano y Papiros Chester Beatty). Las únicas versiones íntegras de este libro se conservan en ge'ez, lengua litúrgica de la Iglesia etíope. Son conocidas tambiém varias partes en griego y un fragmento en latín. El también ha sido encontrado en fragmentos en copto (93:3-8) en Antínoe y en Qumrán fueron hallados múltiples fragmentos en arameo y uno en hebreo (4Q317).

Este libro fue muy apreciado por parte de los primeros cristianos. La epístola de Judas 1, 14-16. cita un pasaje del Libro de Enoc (1 Enoc, 1, 9); También hay la referencia en 2Pedro 2, 4.; y la Epístola de Bernabé (16:4), que cita como Escritura un versículo (1 Henoc 89:56) y en 4:3 se refiere a 1 Henoc 80:2. Padres de la Iglesia y cristianos destacados se refieren al libro, y lo citan en sus obras. Justino Mártir (100-165), Atenágoras (170), Taciano (110-172), Ireneo (130-208), Orígenes, Clemente de Alejandría (150-220), Tertuliano (160-230), Lactancio (260-325), Metodio de Filipo, Minucio Félix, Comodiano y Cipriano de Cartago,1 entre otros, consideraron el libro de inspiración divina. Un defensor de este libro fue el obispo Prisciliano, quien fue el primer cristiano condenado a muerte y ejecutado por cristianos por supuesta herejía, en 385. Sin embargo, 1 Enoc fue definitivamente apartado del canon tras el Concilio de Laodicea, en 364. En algún momento posterior, la versión griega del libro se perdió (el último en citar pasajes del libro fue el monje bizantino Jorge Syncellus, en el siglo VIII). Es muy posible que la traducción al ge'ez se hubiese realizado en el siglo VI, una época de gran actividad en la iglesia etíope, durante la cual se tradujeron numerosos textos religiosos. Dado por perdido en Occidente desde el siglo IX, cuando fue citado ampliamente en la Cronografía de George Syncellus, en 1773 el famoso viajero James Bruce llevó desde Abisinia a Europa tres copias de la obra, una de las cuales fue consignada a la Biblioteca Nacional de París, otra donada a la Biblioteca Bodleiana de Oxford y la tercera, se dice que está en manos de francmasones de rito escocés.

PARTES

El libro consta de varias partes escritas entre los siglos III a. C. y I d. C. Estas partes son:

Libro del Juicio: Capítulos 1 al 5, trata las palabras de bendición de Enoc a los justos, que vivirán cuando los impíos sean condenados. Se estima que su composición data de antes del 200 a. C.

Libro de los Vigilantes o Caída de los ángeles: Capítulos 6 a 36, se centra en el tema de los Vigilantes (ángeles) que dice tuvieron relaciones sexuales con mujeres y engendraron gigantes (nephilim), seres famosos que desataron la violencia sobre la tierra y pervirtieron a la humanidad. Además, el Libro de los Vigilantes se caracteriza por unir y complementar las historias de los Vigilantes con la historia del Diluvio universal, presentes en el génesis, y hace una descripción detallada del mundo y los cielos en las fábulas e imaginería popular judaica de su tiempo. Fue escrito antes del 160 a. C.

Libro de las parábolas o El mesías y el reino: Capítulos 37 a 71, de carácter mesiánico, profetiza la venida del Hijo del Hombre, la caída de los reyes y poderosos y el día del Elegido. Es la única parte que no se ha encontrado en los manuscritos de Qumrán. Escrito después del 63 a. C. a finales del siglo I a. C. o en el siglo I.

Libro del cambio de las luminarias celestiales o Libro astronómico: Capítulos 72 a 82, expone en detalle el antiguo calendario solar hebreo, en concordancia con el Libro de los Jubileos, que en 4.17 cita este libro de las luminarias del cielo. Fue escrito entre el 250 y el 190 a. C.

Libro de los sueños: Capítulos 83 a 90, refiere dos visiones apocalípticas obtenidas por Enoc en sueños; la primera simplemente anuncia que la Tierra será destruida y la segunda es una historia de la humanidad y de Israel hasta el fin de los tiempos, en la que los actores son representados como animales simbólicos. Escrito entre los años 161 y 125 a. C.

Carta de Enoc y Apocalipsis de las semanas: Capítulos 91 a 105, divide la historia en diez «semanas», interpretando el pasado y proyectándose escatológicamente al futuro. Escrito después del año 135 a. C., probablemente entre el 110 y el 60 a. C.

Fragmentos: Capítulos 106 y 107, parece ser una parte del Libro de Noé, que se ha perdido pero que está presente en los manuscritos del Mar Muerto. El capítulo 108 explícitamente dice que es otro Libro de Enoc y falta en varios manuscritos.

Fabio R. de Araujo[1]

[1] Historiador y autor de *Prophezeiungen über das Ende der Welt,* Kopp Verlag, 2009, publicado em España como *Profecias sobre el Fin de los Tiempos*, Tabla de Esmeralda, EDAF, 2012

Libro del Juicio

Capítulo 1

1 Palabras de bendición con las que bendijo Enoc a los elegidos justos que vivirán en el día de la tribulación, cuando serán rechazados todos los malvados e impíos, mientras los justos serán salvados.

2 Enoc, hombre justo a quien le fue revelada una visión del Santo y del cielo pronunció su oráculo y dijo: la visión del Santo de los cielos me fue revelada y oí todas las palabras de los Vigilantes y de los Santos y porque las escuché he aprendido todo de ellos y he comprendido que no hablaré para esta generación sino para una lejana que está por venir.

3 Es acerca de los elegidos que hablo y a causa de ellos que pronuncio mi oráculo: el Único Gran Santo vendrá desde su morada

4 El Dios eterno andará sobre la tierra, sobre el monte Sinaí aparecerá con su gran ejército y surgirá en la fuerza de su poder desde los alto de los cielos.

5 Y todos los Vigilantes temblarán y serán castigados en lugares secretos y todas las extremidades de la tierra se resquebrajarán y el temor y un gran temblor se apoderarán de ellos hasta los confines de la tierra. (St 2:19)

6 La altas montañas se resquebrajarán y derrumbarán y las colinas se rebajarán y fundirán, como la cera ante la llama.

7 Y la tierra se dividirá y todo lo que está sobre la tierra perecerá y habrá un juicio sobre todos.

8 Pero con los justos Él hará la paz y protegerá a los elegidos y sobre ellos recaerá la clemencia y todos ellos pertenecerán a Dios, serán dichosos y benditos, los ayudará a todos y para ellos brillará la luz de Dios. (4Es 2:35)

9 Mirad que Él viene con una multitud de sus santos, para ejecutar el juicio sobre todos y aniquilará a los impíos y castigará a toda carne por todas sus obras impías, las cuales ellos han perversamente cometido y de todas las

palabras altaneras y duras que los malvados pecadores han hablado contra Él. (Dt 33:2; Judas 14-15)

Capítulo 2

1 Observad todas las cosas que ocurren en el cielo, cómo las luminarias del cielo no cambian su ruta en las posiciones de sus luces y cómo todas nacen y se ponen , ordenadas cada una según su estación y no desobedecen su orden.(Ac 17:26,25)

2 Mirad la tierra y presta atención a sus obras, desde el principio hasta el fin, cómo ninguna obra de Dios sobre la tierra cambia, y todas son visibles para vosotros.

3 Ved las señales del verano y las señales del invierno, cómo la tierra entera se llena de agua y las nubes rocían la lluvia sobre ella. (Mt 16:3; LC 12:54-57)

Capítulo 3

1 Observad y ved cómo todos los árboles se secan y cae todo su follaje; excepto catorce árboles cuyo follaje permanece y esperan con todas sus hojas viejas hasta que vengan nuevas tras dos o tres años.

Capítulo 4

1 Y otra vez observad las señales del verano, cómo en Él el sol quema y rescalda y entonces sobre la superficie ardiente de la tierra buscáis sombra y refugio del ardor del sol, sin encontrar forma de marchar ni por el suelo y ni por las rocas, a causa del calor.

Capítulo 5

1 Observad y ved todos los árboles, cómo en todos ellos despuntan las hojas verdes y los cubren y todos sus frutos son para adorno y gloria, Ensalzad y considerad todo estas obras y sabed cómo el Dios vivo, el que vive eternamente, Él ha hecho todas esas cosas.

2 Cómo todas sus obras prosiguen de año en año hasta siempre y todas le obedecen sin alteraciones y todo pasa como Dios lo ha estatuido.

3 Y ved como los mares y los ríos de igual forma cumplen y no cambian sus tareas, según los mandamientos de Él.

4 Pero, vosotros cambiáis sus tareas y no cumplís su palabra y en cambio la habéis transgredido y habéis ultrajado su grandeza con palabras altaneras e hirientes de vuestra boca impura. Duros de corazón, ¡no habrá paz para vosotros!

5 Por ello maldeciréis vuestros días y los años de vuestra vida se perderán; pero los años de vuestra destrucción se multiplicarán como una maldición eterna, y no habrá misericordia ni paz para vosotros.

6 En esos días vuestros nombres significarán maldición eterna para todos los justos y en vosotros serán malditos todos los malditos y por vosotros jurarán todos los pecadores y malvados.

7 Para los elegidos habrá luz, alegría y paz y heredarán la tierra, pero para vosotros impíos habrá maldición. (Sal 37:11; Mt 5:4)

8 Y entonces la sabiduría se dará a los elegidos y vivirán todos, y no pecarán más ni por olvido ni por orgullo, sino que en cambio los que sean sabios serán humildes

9 No transgredirán más ni pecarán el resto de su vida, ni morirán por el castigo o por la ira divina, sino que completarán el número de los días de su vida. Su vida será aumentada en paz y sus años de regocijo serán multiplicados en eterna alegría y paz por todos los días de su vida.

Libro de los Vigilantes

(o Caída de los Ángeles)

Capítulo 6

1 Así sucedió, que cuando en aquellos días se multiplicaron los hijos de los hombres, les nacieron hijas hermosas y bonitas;

2 y los Vigilantes, hijos del cielo las vieron y las desearon, y se dijeron unos a otros: "Vayamos y escojamos mujeres de entre las hijas de los hombres y engendremos hijos". (Gn 6:1-4)

3 Entonces Shemihaza que era su jefe, les dijo: "Temo que no queráis cumplir con esta acción y sea yo el único responsable de un gran pecado".

4 Pero ellos le respondieron: "Hagamos todos un juramento y comprometámonos todos bajo un anatema a no retroceder en este proyecto hasta ejecutarlo realmente".

5 Entonces todos juraron unidos y se comprometieron al respecto los unos con los otros, bajo anatema.

6 Y eran en total doscientos los que descendieron sobre la cima del monte que llamaron "Hermon", porque sobre él habían jurado y se habían comprometido mutuamente bajo anatema.

7 Estos son los nombres de sus jefes: Shemihaza, quien era el principal y en orden con relación a él, Ar'taqof, Rama'el, Kokab'el, -'el, Ra'ma'el, Dani'el, Zeq'el, Baraq'el, 'Asa'el, Harmoni, Matra'el, 'Anan'el, Sato'el, Shamsi'el, Sahari'el, Tumi'el, Turi'el, Yomi'el, y Yehadi'el.

8 Estos son los jefes de decena.

Capítulo 7

1 Todos y sus jefes tomaron para sí mujeres y cada uno escogió entre todas y comenzaron a entrar en ellas y a contaminarse con ellas, a enseñarles la brujería, la magia y el corte de raíces y a enseñarles sobre las plantas.

2 Quedaron embarazadas de ellos y parieron gigantes de unos tres mil codos de altura que nacieron sobre la tierra y conforme a su niñez crecieron;

3 y devoraban el trabajo de todos los hijos de los hombres hasta que los humanos ya no lograban abastecerles.

4 Entonces, los gigantes se volvieron contra los humanos para matarlos y devorarlos; (Sal 14:4; Mi 3:3)

5 y empezaron a pecar contra todos los pájaros del cielo y contra todas las bestias de la tierra, contra los reptiles y contra los peces del mar y se devoraban los unos la carne de los otros y bebían sangre. (Jr 12:4)

6 Entonces la tierra acusó a los impíos por todo lo que se había hecho en ella. (Gn 6:5-11,13; Ap 12:16)

Capítulo 8

1 Y 'Asa'el enseñó a los hombres a fabricar espadas de hierro y corazas de cobre y les mostró cómo se extrae y se trabaja el oro hasta dejarlo listo y en lo que respecta a la plata a repujarla para brazaletes y otros adornos. A las mujeres les enseñó sobre el antimonio, el maquillaje de los ojos, las piedras preciosas y las tinturas

2 Y entonces creció la mucho impiedad y ellos tomaron los caminos equivocados y llegaron a corromperse en todas las formas.

3 Shemihaza enseñó encantamientos y a cortar raíces ; Hermoni a romper hechizos , brujería, magia y habilidades afines; Baraq'el los signos de los rayos; Kokab'el los presagios de las estrellas; Zeq'el los de los relámpagos; -'el enseñó los significados; Ar'taqof enseñó las señales de la tierra; Shamsi'el

los presagios del sol; y Sahari'el los de la luna, y todos comenzaron a revelar secretos a sus esposas.

4 Como parte de los hombres estaban siendo aniquilados, su grito subía hasta el cielo. (Ex 3:7-9)

Capítulo 9

1 Entonces Miguel, Sariel, Rafael y Gabriel observaron la tierra desde el santuario de los cielos y vieron mucha sangre derramada sobre la tierra y estaba toda llena de la injusticia y de la violencia que se cometía sobre ella.

2 Considerando esto, los cuatro fueron y se dijeron: "el grito y el lamento por la destrucción de los hijos de la tierra sube hasta las puertas del cielo".

3 Y dijeron a los santos del cielo: "Es ahora a vosotros a quienes las almas de los hijos de los hombres suplican diciendo 'llevad nuestra causa ante el Altísimo, nuestra destrucción ante la gloria majestuosa y ante el Señor de todos los señores' en cuanto a majestad".

4 Y Rafael, Miguel, Sariel y Gabriel dijeron al Señor del mundo: "Tú eres nuestro gran Señor, el Señor del mundo, el Dios de dioses, el Señor de señores y el Rey de reyes; los cielos son el trono de tu gloria por todas las generaciones que existen desde siempre; toda la tierra es el escabel ante ti para siempre, y tu nombre es grande, santo y bendito por toda la eternidad.

5 "Eres tú quien todo lo ha creado y en ti reside el poder sobre todas las cosas; todo es descubierto en toda su desnudez ante ti; tú lo ves todo y nada se te puede esconder. (1Cr 29:10-12, Hb4:13)

6 "Tú has visto lo que ha hecho 'Asa'el, como ha enseñado toda injusticia sobre la tierra y revelado los secretos eternos que se cumplen en los cielos;

7 y lo que ha enseñado a los humanos Shemihaza, al que tú habías dado la facultad de gobernar sobre sus compañeros.

8 "Ellos han ido hacia las hijas de los hombres y se han acostado con ellas y se han profanado a sí mismos descubriéndoles todo pecado.

9 "Luego, estas mujeres han parido en el mundo gigantes, por lo que la tierra se ha llenado de sangre e injusticia. (Gn 6:4,5,11)

10 "Y ahora mira que las almas de los que han muerto gritan y se lamentan hasta las puertas del cielo y su gemido ha subido y no puede cesar debido a la injusticia que se comete en la tierra. (Ap 6:10)

11 "Pero tú que conoces todas las cosas antes de que sucedan, tú que sabes aquello, tú los toleras y no nos dices qué debemos hacerles al observar eso". (Ha 1:2-4)

Capítulo 10

1 Entonces el Altísimo, Grande y Santo habló y envió a Sariel al hijo de Lamec.

2 Y le dijo: "Ve hacia Noé y dile en mi nombre, 'escóndete'; y revélale la consumación que viene, pues la tierra entera va a perecer, un diluvio está por venir sobre toda la tierra y todo lo que se encuentre sobre ella perecerá.

3 "En seguida enseña al Justo, al hijo de Lamec, lo que debe hacer para preservar su alma para la vida y escapar definitivamente, pues por él será sembrada una planta y serán establecidas todas las generaciones".

4 Y además, el Señor le dijo a Rafael: "Encadena a 'Asa'el de pies y manos, arrójalo en las tinieblas, abre el desierto que está en Dudael y arrójalo en él;

5 bota sobre él piedras ásperas y cortantes, cúbrelo de tinieblas, déjalo allí eternamente sin que pueda ver la luz,

6 y en el gran día del Juicio que sea arrojado al fuego.

7 "Después, sana la tierra que los Vigilantes han corrompido y anuncia su curación, a fin de que se sanen de la plaga y que todos los hijos de los

hombres no se pierdan debido al misterio que los Vigilantes descubrieron y han enseñado a sus hijos. (Jl 2:22)

8 "Toda la tierra ha sido corrompida por medio de las obras que fueron enseñadas por 'Asa'el, impútale entonces todo pecado".

9 Y el Señor dijo a Gabriel: "Procede contra los bastardos y réprobos hijos de la fornicación y haz desaparecer a los hijos de los Vigilantes de entre los humanos y hazlos entrar en una guerra de destrucción, pues no habrá para ellos muchos días.

10 "Ninguna petición en su favor será concedida, pues esperan vivir una vida eterna o que cada uno viva quinientos años.

11 Y a Miguel le dijo el Señor: ve y anuncia a Shemihaza y a todos sus cómplices que se unieron con mujeres y se contaminaron con ellas en su impureza,

12 ¡que sus hijos perecerán y ellos verán la destrucción de sus queridos! Encadénalos durante setenta generaciones en los valles de la tierra hasta el gran día de su juicio. (2P 2:4; Judas 6)

13 "En esos días se les llevará al abismo de fuego, a los tormentos y al encierro en la prisión eterna. (Ap 20:10)

14 "Todo el que sea condenado, estará perdido de ahí en adelante y será encadenado con ellos hasta la destrucción de su generación. Y en la época del juicio que yo juzgaré, perecerán por todas las generaciones.

15 "Destruye todos los espíritus de los bastardos y de los hijos de los Vigilantes porque han hecho obrar mal a los humanos.

16 "Destruye la opresión de la faz de la tierra, haz perecer toda obra de impiedad y haz que aparezca la planta de justicia; ella será una bendición y las obras de los justos serán plantadas en alegría para siempre.

17 "En ese tiempo todos los justos escaparán y vivirán hasta que engendren millares. Todos los días de vuestra juventud y vuestra vejez se completarán en paz.

18 "Entonces toda la tierra será cultivada en justicia y toda ella será plantada de árboles y llena de bendición.

19 "Todos los árboles de la tierra que deseen serán plantados en ella y sembrarán allí viñas y cada una de ellas producirá mil jarras de vino y cada semilla producirá mil medidas por una, y una medida de aceitunas producirá diez lagares de aceite.

20 "Y limpia tú la tierra de toda opresión, de toda violencia, de todo pecado, de toda impiedad y de toda maldad que ocurre en ella y hazles desaparecer de la tierra.

21 "Y todos los hijos de los hombres llegarán a ser justos y todas las naciones me adorarán, se dirigirán en oración a mí y me alabarán.

22 "Y la tierra estará limpia de toda corrupción, de todo pecado, de todo castigo y de todo dolor y yo no enviaré más plagas sobre la tierra, hasta las generaciones de las generaciones ni por toda la eternidad.

Capítulo 11

1 "Y en esos días abriré los tesoros de bendición que están en el cielo, para hacerlos descender sobre la tierra, sobre las obras y el trabajo de los hijos de los hombres

2 "Y la paz y la verdad estarán unidas todos los días del mundo y por todas las generaciones

Capítulo 12

1 Ante esos sucesos Enoc había sido ocultado y no había ningún humano que supiera dónde fue escondido ni dónde están ni qué le sucedió. (Gn 5:24; Si 44:16; Sb 4:10,11; Hb 11:5)

2 El hacía todas sus acciones con los Vigilantes y pasaba sus días con los santos.

3 Así, yo Enoc estaba comenzando a bendecir al Señor de majestad, al Rey de los tiempos, y he aquí que el Vigilante del gran Santo me llamó a mí, Enoc el escribiente y me dijo:

4 "Enoc, escriba de justicia, ve a los Vigilantes del cielo que han abandonado las alturas del cielo, el eterno lugar santo y que se han contaminado con las mujeres haciendo como hacen los hijos de los hombres, y han tomado mujeres y han forjado una gran obra de corrupción sobre la tierra, y hazles saber

5 que no habrá para ellos paz ni redención de su pecado.

6 "Y así como gozaron a causa de sus hijos ellos verán la muerte de sus bienamados y llorarán por la pérdida de sus hijos y suplicarán eternamente, pero no habrá para ellos misericordia ni paz".

Capítulo 13

1 Luego, Enoc se fue y le dijo a 'Asa'el: "No habrá paz para ti, contra ti ha sido pronunciado un gran juicio para encadenarte.

2 "No habrá para ti ni tregua ni intercesión, porque has enseñado la injusticia y a causa de todas las obras de impiedad, violencia y pecado que has enseñado a los humanos.

3 Y avanzando les hablé a todos ellos y todos temieron y se espantaron y el temblor se apoderó de ellos.

4 Me suplicaron que elevara una petición por ellos para que pudieran encontrar perdón por sus pecados y que la leyera en presencia del Señor del cielo.

5 Porque desde entonces ellos no pueden hablar a Dios ni levantar sus ojos al cielo, debido a la vergüenza por los crímenes por los cuales fueron condenados.

6 Entonces escribí su oración con todas sus peticiones por sus almas y por cada una de sus obras y por lo que suplicaban todos, que hubiera para ellos perdón y larga vida.

7 Fui y me senté junto a las aguas de Dan, en la tierra de Dan, al sur del Hermonín, a su lado occidental y estuve leyendo el libro donde anoté sus peticiones, hasta que me dormí.

8 He aquí que me vinieron sueños y cayeron sobre mí visiones hasta que levanté mis párpados a las puertas del palacio del cielo y vi una visión del rigor del castigo. Y vino una voz y me dijo: "Habla a los hijos del cielo para reprenderles".

9 Cuando desperté fui a ellos. Todos estaban reunidos juntos y sentados llorando, en la Fuente del Llanto que está entre el Líbano y Senir, con los rostros cubiertos.

10 Conté delante de ellos todas las visiones que había visto en sueños y me puse a hablar con palabras de justicia y de visión y a reprender a los Vigilantes celestiales.

Capítulo 14

1 Este es el libro de las palabras de la verdad y de la reprensión de los Vigilantes que existen desde siempre según lo ordenó el Gran Santo en el sueño que tuve.

2 En esta visión vi en mi sueño lo que digo ahora con la lengua de carne, con el aliento de mi boca, que el Grande ha dado a los humanos para que hablen con ella y para que comprendan en el corazón. Así como Dios ha creado y destinado a los hijos de los hombres para que entiendan las palabras de conocimiento, así me ha creado, hecho y destinado a mí para que reprenda a los Vigilantes, a los hijos del cielo.

3 Vigilantes: yo escribí vuestra petición y en una visión se me reveló que no será concedida nunca y que habrá juicio por decisión y decreto contra vosotros,

4 que a partir de ahora no volveréis al cielo y por todas las épocas no subiréis,

5 porque ha sido decretada la sentencia para encadenaros en las prisiones de la tierra por toda la eternidad.

6 Pero antes veréis que todos vuestros seres queridos irán a la destrucción con todos sus hijos y las riquezas de tus seres queridos y de sus hijos no las disfrutaréis y ellos caerán en vuestra presencia por la espada de destrucción.

7 Pues vuestra petición por ellos ni la petición por vosotros serán concedidas. Continuaréis pidiendo y suplicando y mientras lloráis no pronunciéis ni una palabra del texto que he escrito.

8 Esto me fue revelado en la visión: He aquí que las nubes me llamaban, la neblina me gritaba y los relámpagos y truenos me apremiaban y me despedían y en la visión los vientos me hacían volar, me levantaban en lo alto, me llevaban y me entraban en los cielos.

9 Entré en ellos hasta que llegué al muro de un edificio construido con piedras de granizo, rodeado y cercado completamente con lenguas de fuego que comenzaron a asustarme. (Ac 2:3)

10 Entré por esas lenguas de fuego hasta que llegué a una casa grande construida con piedras de granizo cuyos muros. eran como planchas de piedra; todas ellas eran de nieve y su suelo estaba hecho de nieve

11 Su techo era como relámpagos y trueno y entre ellos querubines de fuego y su cielo era de agua.

12 Un fuego ardiente rodeaba todos sus muros cercándolos por completo y las puertas eran de fuego ardiente.

13 Entré en esta casa que era caliente como fuego y fría como nieve. No había en ella ninguno de los placeres de la vida. Me consumió el miedo y el temblor se apoderó de mí.

14 Tiritando y temblando caí sobre mi rostro y se me reveló una visión:

15 He aquí que vi una puerta que se abría delante de mí y otra casa que era más grande que la anterior, construida toda con lenguas de fuego.

16 Toda ella era superior a la otra en esplendor, gloria y majestad, tanto que no puedo describiros su esplendor y majestad.

17 Su piso era de fuego y su parte superior de truenos y relámpagos y su techo de fuego ardiente.

18 Me fue revelada y vi en ella un trono elevado cuyo aspecto era el del cristal y cuyo contorno era como el sol brillante y tuve visión de querubín.

19 Por encima del trono salían ríos de fuego ardiente y yo no resistía mirar hacia allá.

20 La Gran Gloria tenía sede en el trono y su vestido lucía más brillante que el sol y más blanco que cualquier nieve;

21 ningún ángel podía entrar verle la cara debido a la magnífica Gloria y ningún ser de carne podía mirarlo.

22 Un fuego ardiente le rodeaba y un gran fuego se levantaba ante Él. Ninguno de los que le rodeaba podía acercársele y multitudes y multitudes estaban de pie ante Él y Él no necesitaba consejeros.

23 Y las santidades de los santos que estaban cerca de Él no se alejaban durante la noche ni se separaban de Él.

24 Yo hasta este momento estaba postrado sobre mi rostro, temblando y el Señor por su propia boca me llamó y me dijo: "Ven aquí Enoc y escucha mi Palabra".

25 Y vino a mí uno de los santos, me despertó, me hizo levantar y acercarme a la puerta e incliné hacia abajo mi cabeza.

Capítulo 15

1 Y él me correspondió y me habló y yo oí su voz: "No temas Enoc, hombre de justo, escriba de justicia; acércate y escucha mi voz.

2 "Ve y dile a los Vigilantes del cielo que te han enviado a suplicar por ellos: 'A vosotros corresponde interceder por los humanos y no a los humanos por vosotros'.

3 '¿Por qué habéis abandonando el cielo alto, santo y eterno, os habéis acostado con mujeres y profanado a vosotros mismos con las hijas de los hombres y tomado esposas como los hijos de la tierra y habéis engendrado hijos gigantes?.

4 'Vosotros que fuisteis santos espirituales viviendo una vida eterna os habéis manchado con la sangre de las mujeres y habéis engendrado con la sangre de la carne y como los hijos del hombre habéis deseado después carne y sangre como aquellos que mueren y perecen' .

5 "Por eso yo les he dado a ellos mujeres para que las fecunden y engendren hijos por ellas y para que así no falten ellos sobre la tierra."

6 'En cuanto a vosotros, fuisteis primero espirituales, viviendo una vida eterna, inmortal por todas las generaciones del mundo;

7 por ello no se os han atribuido mujeres, pues la morada de los espíritus del cielo es el cielo' .

8 "Y ahora, los gigantes que han nacido de los espíritus y de la carne, serán llamados en la tierra espíritus malignos y sobre la tierra estará su morada.

9 "Los espíritus malos proceden de sus cuerpos, porque han nacido de humanos y de los santos Vigilantes es su comienzo y origen primordial. Estarán los espíritus malos sobre la tierra y serán llamados espíritus malos.

10 "Los espíritus del cielo tienen su casa en el cielo y los espíritus de la tierra que fueron engendrados sobre la tierra tienen su casa en la tierra.

11 "Y los espíritus de los gigantes, de los Nefilim, que afligen, oprimen, invaden, combaten y destruyen sobre la tierra y causan penalidades, ellos aunque no comen tienen hambre y sed y causan daños.

12 "estos espíritus se levantarán contra los hijos de los hombre y contra las mujeres porque de ellos proceden.

Capítulo 16

1 "Después de la muerte de los gigantes cuando los espíritus han salidos de su cuerpo, su carne será destruida antes del juicio. Serán así destruidos hasta el día de la gran consumación, del gran juicio en el cual el tiempo terminará para los Vigilantes e impíos y seréis totalmente consumados.

2 "Y ahora, a los Vigilantes, que te han enviado a suplicar por ellos, que en otra época habitaban en el cielo, diles:

3 'Vosotros estabais en el cielo pero todos los misterios no se os habían revelado. No habéis conocido sino un misterio indigno y en el endurecimiento de vuestro corazón lo habéis comunicado a las mujeres y por ese misterio ellas y los hombres han multiplicado el mal sobre la tierra' .

4 "Diles pues: 'No tendréis paz'".

Capítulo 17

1 Después me llevaron a un sitio cuyos habitantes son como el fuego ardiente, pero cuando desean aparecen como humanos.

2 Me llevaron a la casa de la tempestad, sobre una montaña cuya cima tocaba el cielo,

3 y vi las mansiones de las luminarias y los tesoros de las estrellas y del trueno, en los extremos del abismo donde están el arco de fuego, sus flechas y carcaj, la espada de fuego y todos los relámpagos.

4 Luego me llevaron hasta las aguas de vida y hasta el fuego del occidente, el que recogió todas las puestas de sol.

5 Llegué hasta un río de fuego cuyas llamas corren como agua y desemboca en el gran mar que esta al lado del poniente;

6 vi grandes ríos y llegué a una gran oscuridad y hasta donde ningún ser carnal camina;

7 vi las montañas de las tinieblas de invierno y el sitio hacia donde fluyen todas las aguas del abismo;

8 y vi la desembocadura de todos los ríos de la tierra y la desembocadura del abismo.

Capítulo 18

1 Vi los tesoros de los vientos y vi que con ellos Él ha adornado toda la creación y los cimientos de la tierra;

2 y vi también la piedra angular de la tierra y los cuatro vientos que sostienen la tierra y el firmamento;

3 vi como los vientos extienden el velo del cielo en lo alto y cómo tienen su puesto entre el cielo y la tierra: son las columnas del cielo;

4 vi los vientos que hacen girar y que conducen por las órbitas del sol y de los astros en sus estancias;

5 vi los vientos que sostienen las nubes sobre la tierra; vi los caminos de los ángeles; vi en los confines de la tierra el firmamento en lo alto.

6 Después fui al sur y vi un sitio que ardía día y noche, en donde se encontraban siete montañas de piedras preciosas, tres del lado oriental y tres del lado del mediodía.

7 Así, entre las que estaban en el oriente, una era de piedra multicolor, una de perlas, y la otra de piedras medicinales; y las que estaban en el sur eran de piedra roja.

8 La del medio se elevaba hasta el cielo como el trono del Señor y la parte alta del trono era de zafiro.

9 Yo vi un fuego ardiente, y más allá de esas montañas

10 está una región donde termina la gran tierra, y ahí culminan los cielos.

11 Luego me fue mostrado un profundo abismo entre columnas de fuego celeste, y vi en él columnas de fuego que descendían al fondo y cuya altura y profundidad eran inconmensurables;

12 y más allá de este abismo vi un sitio sobre el cual no se extendía el firmamento, bajo el cual no había tampoco cimientos de la tierra; sobre el que no había ni agua ni pájaros, sino que era un lugar desierto y terrible.

13 Allí vi siete estrellas parecidas a grandes montañas, que ardían, y cuando pregunté sobre esto,

14 El ángel me dijo: "Este sitio es el final del cielo y de la tierra; ha llegado a ser la prisión de las estrellas y de los poderes del cielo.

15 "Las estrellas que ruedan sobre el fuego son las que han transgredido el mandamiento del Señor, desde el comienzo de su ascenso, porque no han llegado a su debido tiempo;

16 y Él se irritó contra ellas y las ha encadenado hasta el tiempo de la consumación de su culpa para siempre, en el año del misterio".

Capítulo 19

1 Después Sariel me dijo: " Aquí estarán los Vigilantes que se han conectado por su propia cuenta con mujeres. Sus espíritus asumiendo muy diversas apariencias se han corrompido y han descarriado a los humanos para que

sacrifiquen a demonios y dioses, hasta el día del gran juicio, en que serán juzgados y encontrarán su final.

2 "En cuanto a sus mujeres, las que fueron seducidas por los Vigilantes, se volverán sosegadas".

3 Yo Enoc, solo, he visto la visión, el final de todas las cosas y ningún humano ha visto lo que yo he visto.

Capítulo 20

1 He aquí los nombres de los santos ángeles que vigilan: (Ap 8:2)

2 Uriel, uno de los santos ángeles, llamado el del trueno y el temblor;

3 Rafael, otro de los santos ángeles, el de los espíritus de los humanos; (Tb 12:15)

4 Ra'u'el, otro de los santos ángeles, que se venga del mundo de las luminarias;

5 Miguel, otro de los santos ángeles, encargados de la mejor parte del la humanidad y del pueblo; (Dn 10:13,21, 12:1; Judas 9; Ap 12:7)

6 Sariel, otro de los santos ángeles, encargado de los espíritus de los hijos de los hombres que pecan en espíritu;

7 Gabriel; otro de los santos ángeles, encargado del paraíso, las serpientes y los querubines; (Dn 8:16, 9:21; Lc:1:19,26) (Gn 3:24; Ex 25:18-22; Ez 10:4-5)

8 Remeiel, otros de los santos ángeles, al que Dios ha encargado de los resucitados. (Mt 28:2,5; Mc 16:5)

Capítulo 21

1 Después volví hasta donde todo era caótico;

2 y allá vi algo horrible: no vi ni cielo en lo alto ni tierra firme fundamentada, sino un sitio informe y terrible.

3 Vi allí cuatro estrellas del cielo encadenadas que parecían grandes montañas ardiendo como fuego.

4 Entonces pregunté: "¿Por qué pecado están encadenadas y por qué motivo han sido arrojadas acá?".

5 Uriel el Vigilante y el Santo que estaba conmigo y me guiaba, me dijo: "Enoc ¿por qué preguntas y te inquietas por la verdad?.

6 Esta cantidad de estrellas de los cielos son las que han transgredido el mandamiento del Señor y han sido encadenadas aquí hasta que pasen diez mil años, el tiempo impuesto según sus pecados.

7 Desde allí pasé a otro lugar más terrible que el anterior y vi algo horrible: había allá un gran fuego ardiendo y flameando y el lugar tenía grietas hasta el abismo, llenas de columnas descendentes de fuego, pero no pude ver ni sus dimensiones ni su magnitud ni haría conjeturas.

8 Entonces dije: "¡Qué espantoso y terrible es mirar este lugar!".

9 Contestándome, Uriel el Vigilante y el Santo, que estaba conmigo me dijo: "Enoc ¿por qué estás tan atemorizado y espantado?". Le respondí: "Es por este lugar terrible y por el espectáculo del sufrimiento"..

10 Y él me dijo: "Este sitio es la prisión de los ángeles y aquí estarán prisioneros por siempre".

Capítulo 22

1 Desde allí fui a otra parte, a una montaña de roca dura;

2 había ahí cuatro pozos profundos, anchos y muy lisos. Y dije: "¡Qué lisos son estos huecos y qué profundos y oscuros se ven!".

3 En ese momento, Rafael el Vigilante y el Santo, que estaba conmigo, me respondió diciendo:"Estas cavidades han sido creadas con el siguiente propósito; que los espíritus de las almas de los muertos puedan reunirse y que todas las almas de los hijos de los hombres se reúnan ahí. Así pues esos son los pozos que les servirán de cárcel;

4 "Están hechos para tal cosa, hasta el día en que sean juzgados hasta momento del gran juicio que se les hará el último día". (Sal 68:19; Ef 4:9; 1P 3:19,20)

5 Vi allí al espíritu de un hombre muerto acusando, y su lamento subía hasta el cielo, gritando y acusando.

6 Entonces pregunté a Rafael el Vigilante y el Santo, que estaba conmigo: "¿De quién es este espíritu que está acusando que se queja de tal modo que sube hasta el cielo gritando y acusando?".

7 Me respondió diciendo: "Este es el espíritu que salió de Abel, a quien su hermano Caín asesinó; él lo acusa hasta que su semilla sea eliminada de la faz de la tierra y su semilla desaparezca dl linaje de los hombres".

8 Entonces pregunté observando todos los pozos: "¿Por qué están separados unos de otros?"

9 Me respondió diciendo: "Esos tres han sido hechos para que los espíritus de los muertos puedan estar separados. Así una división ha sido hecha para los espíritus de los justos, en la cual brota una fuente de agua viva. (Jn 4:14, 7:38)

10 "Y así ha sido hecha ésta para los pecadores cuando mueren y son sepultados y no se ha ejecutado juicio contra ellos en vida.

11 "Aquí sus espíritus serán colocados aparte, para esta gran pena, hasta el día del gran juicio y castigados y atormentados para siempre quienes merecen tal retribución por sus espíritus.

12 "Esta división ha sido separada para quienes presentan su queja y denuncian su destrucción cuando fueron asesinados en los días de los pecadores.

13 También ha sido hecha ésta para los espíritus de los hombres que no fueron justos sino pecadores, para todos los transgresores y los cómplices de la trasgresión; que en el día del juicio serán afligidos fuera de allí, pero no serán resucitados desde allí".

14 Entonces bendije al Señor de Majestad y dije: "Bendito sea el juicio de justicia y bendito sea el Señor de Majestad y Justicia que es el Señor del mundo".

Capítulo 23

1 Desde allí fui transportado a otro lugar al occidente, en las extremidades de la tierra;

2 me fue mostrado un fuego que corría sin descanso y sin interrumpir su carrera ni de día ni de noche, permaneciendo constante, mientras tanto.

3 Yo pregunté diciendo: "¿Qué es esto que no tiene reposo alguno?".

4 Me respondió Ra'u'el: "La función de este fuego que corre hacia el occidente es guiar a todas las luminaras del cielo.

Capítulo 24

1 Y me mostró las montañas: el suelo entre ellas era de fuego ardiente y llameaba por las noches.

2 Fui hacia allá y vi siete montañas magníficas, diferentes entre sí y de piedras preciosas y hermosas y todas eran espléndidas, de apariencia gloriosa y bello aspecto: tres por el oriente, apoyadas una contra la otra; y tres por el sur, una bajo la otra; y vi cañadas profundas y sinuosas, ninguna de las cuales se unía a las demás.

3 La séptima montaña estaba en medio de todas, superándolas en altura a la manera de un trono, rodeada por árboles aromáticos,

4 entre los cuales había un árbol cuyo perfume yo no había olido nunca y no había perfume similar entre estos ni entre los demás árboles: exhala una fragancia superior a cualquiera y sus hojas, flores y madera no se secan nunca, su fruto es hermoso y se parece a los dátiles de las palmas.

5 Entonces dije: ""¿Qué árbol tan hermoso! Es bello a la vista, su follaje gracioso y su fruto tiene un aspecto muy agradable".

6 Entonces, Miguel el Vigilante y santo, que estaba conmigo y que estaba encargado de esos árboles, me contestó.

Capítulo 25

1 Y él me dijo: " Enoc, para qué me preguntas por el perfume de ese árbol y para qué quieres saber la verdad?".

2 Entonces, yo, Enoc, le respondí así: "Deseo aprender de todo, pero especialmente acerca de este árbol".

3 Y él me contestó diciendo: Esta montaña alta que has visto y cuya cima es como el trono de Dios, es su trono, donde se sentará el Gran Santo, el Señor de Gloria, el Rey Eterno, cuando descienda a visitar la tierra con bondad.

4 "No se permite que ningún ser de carne toque este árbol aromático, hasta el gran juicio cuando Él se vengará de todo y llevará todas las cosas a su consumación para siempre, pero entonces será dado a los justos y a los humildes.

5 "Su fruto servirá como alimento a los elegidos y será transplantado al lugar santo, al templo del Señor, el Rey Eterno.

6 Entonces ellos se regocijarán y estarán alegres; entrarán en el lugar santo y la fragancia penetrará sus huesos; y ellos vivirán una larga vida, tal y como la que sus antepasados vivieron. En sus días no los tocará ningún sufrimiento ni plaga ni tormento ni calamidad."

7 Entonces bendije al Dios de la Gloria, al Rey Eterno, porque había preparado tales cosas para los humanos, para los justos. Estas cosas Él las ha creado y ha prometido dárselas.

Capítulo 26

1 Fui trasladado desde allí hasta el centro de la tierra y vi un lugar bendito en el cual había árboles cuyas ramas brotaban permanentemente.

2 Allí me fue mostrada una montaña santa y salía agua de debajo de la montaña, desde el oriente y descendiendo hacia el sur.

3 Y vi al oriente otra montaña más alta que aquella y entre ellas un cañón profundo y angosto por el que corría el agua que salía de la montaña.

4 Y al occidente otra montaña, más baja que la anterior, poco elevada, y por debajo, entre las dos, una hondonada profunda y seca, y otra hondonada entre las tres montañas.

5 Todas eran barrancos profundos de roca dura y no había árboles plantados en ellos.

6 Yo me maravillaba de las montañas y me asombraba de los barrancos, me asombraba demasiado.

Capítulo 27

1 Entonces dije: "¿Por qué esta tierra está bendita y llena de árboles y en medio están estos barrancos malditos?"

2 Entonces Sariel, el Vigilante y el santo, que estaba conmigo, me respondió y dijo: "Este barranco maldito es para aquellos que están malditos para siempre; ahí serán reunidos todos los malditos que con su boca pronuncian palabras indecorosas contra el Señor y ofenden su Gloria, ahí serán reunidos y ahí estará el lugar de su juicio. (2P 2:10; Judas 15)

3 El los últimos tiempos se ejecutará sobre ellos en justicia el espectáculo del juicio, en presencia de los justos para siempre; ahí se manifestará la misericordia y la bendición del Señor de Gloria y el Rey Eterno.

4 El día del juicio sobre los anteriores, ellos le bendecirán por la misericordia que les ha reservado.

5 Entonces yo bendije al Señor de Gloria, promulgué su Gloria y alabé su grandeza.

Capítulo 28

1 Fui desde allí hacia el oriente, en medio de la cordillera del desierto y vi el desierto: estaba solitario y lleno de árboles y plantas;

2 brotaba agua desde arriba,

3 acometiendo como un río caudaloso que fluía hacia el noroeste llevando el agua y el rocío por todos lados.

Capítulo 29

1 Desde allí fui a otro lugar en el desierto y me alejé mucho, hacia el oriente de este sitio.

2 Allí vi árboles silvestres que exudaban perfumes de incienso y mirra y sus frutos son parecidos a las nueces.

Capítulo 30

1 Y más allá de ellos, me alejé muy al oriente y vi otro gran lugar, con valles de muchas aguas,

2 en el que había cañas dulces aromáticas semejantes al lentisco;

3 y en las orillas de estos valles vi el fragante cinamomo. Y más allá de estos valles me alejé hacia el oriente.

Capítulo 31

1 Me fueron mostradas otras montañas y también en ellas vi árboles de los cuales salía la resina llamada tsaru y gálbano.

2 Más allá todos los árboles todos los árboles estaban llenos de resina que era semejante a la corteza del almendro.

3 Cuando se casca en estos árboles sale de ellos un olor perfumado y cuando se muelen las cortezas son superiores a cualquier perfume.

Capítulo 32

1 Más allá de tales montañas, hacia el noreste de ellas, me fueron mostradas otras montañas, llenas de nardo escogido, lentisco, cardamomo y pimienta.

2 desde allí continué hacia el oriente de todas estas montañas, lejos de ellas, al oriente de la tierra, fui llevado por encima del mar Rojo y me alejé mucho de él, pasé por encima de la oscuridad, lejos de ella;

3 y fui llevado al lado del Paraíso de Justicia, y me fueron mostrados desde lejos árboles en él, árboles numerosos en exceso y grandes, diferentes unos de otros. Vi allí un árbol que era distinto de todos los demás, muy grande, bello y magnífico, el árbol de la sabiduría, los que comen de su fruto aprenden gran sabiduría.

4 El árbol es tan alto como un abeto, sus hojas se parecen a las del algarrobo y su fruto es como un racimo de uvas, muy bonito; y la fragancia de ese árbol penetra hasta muy lejos.

5 Y yo dije: "¡Qué hermoso es este árbol y cómo atrae mirarlo!".

6 Remeiel el Vigilante y el santo, que estaba conmigo, me contestó y dijo: "Es el árbol de la sabiduría, del cual comieron tu primer padre y tu primera madre y aprendieron la sabiduría y sus ojos se abrieron y comprendieron que estaban desnudos y fueron expulsados del jardín del Edén".

Capítulo 33

1 Desde allí fui hasta los confines de la tierra y vi allí grandes bestias diferentes unas de otras y también pájaros que diferían en sus aspectos, hermosura y trinos.

2 Al oriente de esas bestias vi el final de la tierra, donde el cielo descansa, y donde se abren los portales del cielo.

3 Vi como nacen las estrellas del cielos y los portales de los que proceden y anoté las salidas de cada una de las estrella, según su número, nombre, curso y posición y según su tiempo y meses, según me las mostraba Uriel, uno de los Vigilantes.

4 Y me mostró y escribió para mí todo, incluso escribió para mí sus nombres de acuerdo con sus tiempos.

Capítulo 34

1 Desde allí fui transportado a la extremidad norte de la tierra y me fueron mostradas grandes obras:

2 Vi tres puertas del cielo abiertas; a través de cada una de ellas vienen los vientos del norte y cuando soplan hay frío, granizo, escarcha, nieve, rocío y lluvia.

3 Si salen por una sola de las puertas, soplan para bien; pero cuando soplan a través de las otras dos es con violencia y calamidad sobre la tierra pues soplan con fuerza.

Capítulo 35

1 Y desde allí fui hasta la extremidad occidental de la tierra y vi tres puertas del cielo abiertas, el mismo número de puertas y salidas que había visto en el oriente.

Capítulo 36

1 Desde allí fui transportado a la extremidad sur de la tierra y allí me fueron mostradas sus tres puertas abiertas del viento sur: para el rocío, la lluvia y el viento.

2 Y desde allí fui transportado al límite oriental del cielo y vi las tres puertas orientales abiertas las tres puertas orientales del cielo y encima de ellas unas puertas pequeñas

3 Por cada una de estas puertas pequeñas pasan las estrellas del cielo y corren por el curso trazado para ellas hacia el occidente.

4 Al ver esto bendije todo el tiempo al Señor de Gloria, y continuaré bendiciendo al Señor de Gloria, que ha realizado grandes y magníficos prodigios para mostrar la grandeza de su obra a los ángeles, a los espíritus y a los humanos, para que ellos puedan alabar esa obra, toda su creación, para que puedan ver la manifestación de su poder y alaben la grandiosa obra de sus manos y le bendigan por siempre.

LIBRO DE LAS PARÁBOLAS

(O EL MESÍAS Y EL REINO)

Capítulo 37

1 La segunda visión que él vio -visión de sabiduría- que vio Enoc, hijo de Jared, hijo de Mahalalel, hijo de Kainan, hijo de Enos, hijo de Set, hijo de Adán.

2 Este es el comienzo de las palabras sabias que hice salir con mi voz, para hablarle y decirle a los habitantes de la tierra: "Escuchad hombres de épocas pasadas y del porvenir, las palabras del santo que habla en presencia del Señor de los espíritus.

3 Fue excelente declararlas a los hombres de antaño pero igualmente a los del porvenir, no vamos a negarles el principio de sabiduría.

4 Hasta ahora tal sabiduría no ha sido dada por el señor de los espíritus, pero yo la he recibido de acuerdo con mi discernimiento y con el buen parecer del Señor de los espíritus gracias a quien me ha sido dada mi parte en la vida eterna.

5 Tres parábolas me fueron comunicadas ya y yo he elevado mi voz para relatarlas a quienes habitan sobre la tierra.

Capítulo 38

1 Primera Parábola.- Cuando aparezca la asamblea de los justos y los pecadores sean juzgados por sus pecados y expulsados de la superficie de la tierra.

2 cuando el Justo se manifieste a los ojos de los justos, de los elegidos cuyas obras dependen del señor de los espíritus; cuando la luz brille para los justos y para los elegidos que habitan sobre la tierra: ¿Dónde estará entonces la

morada de los pecadores? ¿Dónde estará el lugar de descanso de quienes han renegado del Señor de los espíritus? Habría sido mejor para ellos no haber nacido. (Mc 14:21)

3 Cuando los misterios de los justos sean manifiestos y los pecadores juzgados y expulsados de la presencia de los justos y los elegidos,

4 desde ese momento los que dominan la tierra no serán poderosos ni elegidos por más tiempo ni podrán ellos mirar a la cara de los santos, porque será la luz del Señor de los espíritus la que brillará sobre la cara de los santos, de los justos, de los elegidos.

5 Entonces, los reyes y los poderosos perecerán y serán entregados a las manos de los justos y de los santos. (Sal 149 2:9)

6 Y de ahí en adelante nadie buscará para ellos la misericordia del Señor de los espíritus porque su vida encontró su final .

Capítulo 39

1 Y ocurrirá en esos días que los hijos de los elegidos y santos descenderán de lo alto del cielo y su linaje llegará a ser uno con el de los hijos de los hombres.

2 Enoc recibió los libros del celo y la ira y los libros de la angustia y el destierro: "Nunca más obtendrán misericordia", dijo el Señor de los espíritus.

3 Y las nubes me cubrieron, y el viento me levantó de la superficie de la tierra y me dejó en el límite de los cielos.

4 Allí tuve otra visión: vi el lugar donde habitan los santos y el lugar de descanso de los justos.

5 Ahí contemplé con mis ojos las moradas en medio de los ángeles de justicia y sus lugares de descanso entre los santos. Mientras suplican y oran por los hijos de los hombres, la justicia brota entre ellos como el agua y la

misericordia se esparce sobre ellos como el sobre el rocío sobre la tierra, por los siglos de los siglos.

6 En ese lugar con mis ojos vi al Elegido de Justicia y de Fe; la justicia prevalecerá en sus días y los justos y los elegidos serán innumerables ante él por los siglos de los siglos.

7 Vi su morada bajo las alas del Señor de los espíritus; todos los justos y los elegidos brillarán frente a él como el resplandor del fuego; su boca estará llena de bendición; sus labios glorificarán el nombre del Señor de los espíritus; y la justicia y la verdad no fallarán ante él.

8 Yo deseaba vivir allí y mi espíritu anhelaba esa morada: esa era desde antes mi herencia, tal y como había sido establecida para mí ante el Señor de los espíritus.

9 En esos días alabé y ensalcé el nombre del Señor de los espíritus con bendiciones y alabanzas porque Él me ha destinado para la bendición y la gloria de acuerdo con el buen parecer del Señor de los espíritus.

10 Por mucho tiempo mis ojos observaron ese lugar y lo bendije a Él y lo alabé diciendo: "Bendito es Él y bendito sea desde el principio y para siempre".

11 Ante Él no hay renuncia; Él sabe desde antes de que el mundo fuera creado qué es para siempre y qué será de generación en generación.

12 Aquellos que no duermen te bendicen; ellos están ante tu Gloria y bendicen, alaban y ensalzan diciendo: " Santo, Santo, santo es el Señor de los espíritus, Él llena la tierra con espíritus".

13 Mis ojos vieron allá a todos aquellos que no duermen, bendiciendo y diciendo: "Bendito seas tú y bendito sea el nombre del Señor de los espíritus por los siglos de los siglos".

14 Mi rostro fue cambiado y no podía sostener la mirada.

Capítulo 40

1 Después de eso vi miles de miles y miríadas, vi una multitud innumerable e incalculable, que se sostiene ante el Señor de los espíritus.

2 Y sobre los cuatro costados del Señor de los espíritus vi cuatro presencias diferentes de aquellos que no duermen y aprendí sus nombres porque el ángel que va conmigo me los dio a conocer y me mostró todas las cosas ocultas.

3 Y escuché las voces de esas cuatro presencias y cómo ellas pronuncian alabanzas ante el Señor de la Gloria.

4 La primera voz bendice al Señor de los espíritus por los siglos de los siglos.

5 A la segunda voz la escuché bendiciendo Elegido y a los elegidos que dependen del Señor de los espíritus.

6 A la tercera voz la oí orar e interceder por los que viven sobre la tierra y suplicar en nombre del Señor de los espíritus.

7 Y escuché la cuarta voz expulsando a los Satanes e impidiendo que lleguen hasta el Señor de los espíritus a acusar a quienes viven en la tierra Él.

8 Después de eso pregunté al ángel de paz que iba conmigo y me mostraba todas las cosas que están ocultas: "¿Quiénes son esas cuatro presencias que he visto y cuyas palabras he oído y escrito abajo?".

9 Me dijo: "El primero, el misericordioso y muy paciente, es Miguel; el segundo, que está encargado de las enfermedades y de todas las heridas de los hijos de los hombres, es Rafael; el tercero, que está encargado de todos los poderes, es Gabriel; el cuarto, que está encargado de la esperanza de quienes heredarán la vida eterna, es llamado Sariel.

10 Estos son los cuatro ángeles del Señor de los espíritus y las cuatro voces que he escuchado esos días.

Capítulo 41

1 Después vi todos los misterios de los cielos y cómo el reino está dividido y cómo las acciones de los humanos son pesadas en la balanza.

2 Allí vi la habitación de los elegidos y la morada de los santos y mis ojos vieron a los pecadores cuando eran expulsados de allí porque rechazaron el nombre del Señor de los espíritus y no podían quedarse a causa del castigo que procede del Señor de los espíritus.

3 Allí mis ojos vieron los misterios del relámpago y del trueno; y los secretos de los vientos y cómo se distribuyen para soplar sobre la tierra; y los secretos de las nubes y el rocío, de dónde proceden en ese lugar y desde dónde saturan el polvo de la tierra.

4 Allí vi las cámaras cerradas desde donde son distribuidos los vientos, el depósito del granizo y del viento, el depósito de la neblina y las nubes que revolotean sobre la tierra desde el comienzo del mundo.

5 Y vi las cámaras del sol y de la luna, de dónde proceden y hacia dónde regresan, y su maravilloso retorno; cómo el uno es superior a la otra; su magnífica órbita y cómo no se alejan de ella y mantienen fielmente el juramento que han hecho uno a otro.

6 El sol sale primero y sigue su ruta según el mandamiento del Señor de los espíritus, cuyo nombre es poderoso por los siglos de los siglos.

7 Y después de eso vi el camino oculto de la luna y el visible y ella cumple el recorrido de su camino en ese lugar de día y de noche; y uno mantiene una posición opuesta al otro, ante el Señor de los espíritus. ellos dan gracias y alaban sin descanso, porque para ellos dar gracias es descansar.

8 El sol gira frecuentemente para bendecir, o para maldecir y el recorrido de la ruta de la luna es bendición para los justos y tinieblas para los pecadores, en el nombre del Señor, que ha separado la luz de las tinieblas, ha repartido los espíritus de los humanos y ha fortalecido los espíritus de los justos en nombre de su justicia.

9 Porque ningún ángel lo impide y ningún poder es capaz de impedirlo, porque Él cita un juicio para todos ellos y los juzga a todos ante Él.

Capítulo 42

1 La Sabiduría no encuentra un lugar donde pueda habitar, entonces su casa está en los cielos. (Pr 9:1)

2 La Sabiduría fue a habitar entre los hijos de los hombres y no encontró sitio. Entonces la Sabiduría ha regresado a su hogar y ha tomado su silla entre los ángeles. (Pr 8:1-4; Jn 1:11)

3 Y la injusticia ha salido de sus cuevas, ha encontrado a los que no buscaban y ha habitado entre ellos, como la lluvia en el desierto y como el rocío sobre la tierra sedienta. (Pr 2:12-19)

Capítulo 43

1 Después vi otros relámpagos y estrellas del cielo y vi cómo Él las llamaba por sus nombres y ellas le ponían atención.

2 Y vi cómo ellas eran pesadas en balanzas justas, de acuerdo con su luminosidad, sus dimensiones y el día de su aparición y cómo su movimiento genera relámpagos; y vi su curso de acuerdo con el número de los ángeles y cómo se guardan fidelidad entre ellas.

3 Le pregunté al ángel que iba conmigo y me mostró los que estaba oculto: "¿Qué es eso?".

4 Me dijo: "El Señor de los espíritus te ha mostrado su parábola; estos son los nombres de los santos que viven sobre la tierra y creen en el Señor de los espíritus por los siglos de los siglos.

Capítulo 44

1 Vi también otros fenómenos relativos a los relámpagos: cómo algunas estrellas surgen, llegan a ser relámpagos y no pueden abandonar su nueva forma.

Capítulo 45

1 "Ésta es la segunda parábola, acerca de quienes rechazan la comunidad de los santos y al Señor de los espíritus.

2 "Ellos no subirán al interior del cielo ni volverán a la tierra, tal será la suerte los pecadores que han renegado del nombre del Señor de los espíritus a quienes tú has reservado para el día del sufrimiento y la tribulación. (Pr 2:22)

3 "En este día mi Elegido se sentará sobre el trono de gloria y juzgará sus obras; sus sitios de descanso serán innumerables y dentro de ellos sus espíritus se fortalecerán cuando vean a mi Elegido y a aquellos que han apelado a mi nombre glorioso.

4 "Entonces, haré que mi Elegido habite entre ellos; transformaré el cielo y lo convertiré en bendición y luz eternas;

5 transformaré la tierra y haré que mis elegidos la habiten, pero los pecadores y los malvados no pondrán los pies allí.

6 "Porque he abastecido y satisfecho con paz a mis justos y los he hecho vivir ante mí; pero el juicio de los pecadores es inminente, de manera que los destruiré en la faz de la tierra".

Capítulo 46

1 Allí vi a alguien que tenía una Cabeza de los Días y su cabeza era blanca como lana; con Él había otro, cuya figura tenía la apariencia de un hombre y su cara era llena de gracia como la de los santos ángeles. (Dn 7:9,13; Ap 1:13,14)

2 Le pregunté al ángel que iba conmigo y que me mostraba todas las cosas secretas con respecto a este Hijo del Hombre: "¿Quién es éste, de dónde viene y por qué va con la Cabeza de los Días?".

3 Me respondió y me dijo: "Este es el Hijo del Hombre, que posee la justicia y con quien vive la justicia y que revelará todos los tesoros ocultos, porque el Señor de los espíritus lo ha escogido y tiene como destino la mayor dignidad ante el Señor de los espíritus, justamente y por siempre. (Dn 7:14; Mt 24:30, 26:64; Mc 13:26, 14:52; Lc 21:27, 22:69)

4 "El Hijo del Hombre que has visto, levantará a los reyes y a los poderosos de sus lechos y a los fuertes de sus tronos; desatará los frenos de los fuertes y les partirá los dientes a los pecadores; (Sal 110:5)

5 derrocará a los reyes de sus tronos y reinos, porque ellos no le han ensalzado y alabado ni reconocieron humildemente de dónde les fue otorgada la realeza. (Lc 1:52)

6 "Le cambiará la cara a los fuertes llenándolos de temor; las tinieblas serán su morada y los gusanos su cama, y no tendrán esperanza de levantarse de esa cama, porque no exaltaron el nombre del Señor de los espíritus.

7 "Estos que juzgan a las estrellas del cielo, que levantan sus manos contra el más Alto, que oprimen la tierra y habitan sobre ella, cuyas acciones expresan todas injusticia, cuyo poder reside en su riqueza, cuya confianza está puesta en los dioses que ellos han hecho con sus manos: ellos niegan el nombre del Señor de los espíritus;

8 ellos persiguen sus congregaciones y a los fieles, a quienes condenan en nombre del Señor de los espíritus.

Capítulo 47

1 En esos días la oración de los justos y la sangre de los justos habrán subido desde la tierra, hasta el Señor de los espíritus.

2 En tales días los santos que habitan en lo alto de los cielos se unirán en una sola voz: suplicarán, orarán, alabarán, darán gracias y bendecirán el nombre del Señor de los espíritus, en nombre de la sangre de los justos que ha sido derramada y para que la oración de los justos no sea en vano ante el Señor de los espíritus, se haga justicia y su paciencia no sea eterna . (Ap 6:10; 4Es 4:35-37)

3 En esos tiempos vi la Cabeza de los Días cuando se sentó en el trono de su gloria y los libros de los vivos fueron abiertos ante Él. Todas sus huestes que habitan en lo alto del cielo y su corte estaban ante Él. (Ap 20:11,12)

4 Y el corazón de los santos se llenó de alegría, porque el número de los justos ha sido establecido, la oración de los justos ha sido escuchada y la sangre de los justo ha sido denunciada ante el Señor de los espíritus. (Ap 6:11)

Capítulo 48

1 En ese lugar vi la fuente de la justicia, la cual era inagotable, y a su alrededor había muchas fuentes de sabiduría, todos los sedientos bebían de ellas y se llenaban de sabiduría y habitaban con los santos, los justos y los elegidos. (Jn 4.10-14; Ap 20:6)

2 En ese momento ese Hijo del Hombre fue nombrado en presencia del Señor de los espíritus y su nombre ante la Cabeza de los Días.

3 Ya antes de que el sol y los signos fueran creados, antes de que las estrellas del cielo fueran hechas, su nombre fue pronunciado ante el Señor de los espíritus.

4 Él será para los justos un bastón en el que puedan apoyarse y no caer; será luz para las naciones y esperanza para los que sufren.

5 Todos los que habitan sobre la tierra se prosternarán y lo adorarán; alabarán, bendecirán y celebrarán con canciones al Señor de los espíritus.

6 Por tal razón ha sido él Elegido y reservado ante Él, desde antes de la creación del mundo y para siempre. (Pr 8:23-30; Jn 1:3)

7 La sabiduría del Señor de los espíritus lo ha revelado a los santos y a los justos, porque Él ha preservado el destino de los justos, porque ellos han odiado y despreciado a este mundo de injusticia y han odiado todas sus obras y caminos, en el nombre del Señor de los espíritus, porque por su nombre serán salvados ellos y Él vengará sus vidas.

8 En estos días los reyes de la tierra y los poderosos que dominan la tierra tendrán el rostro abatido a causa de la obra de sus manos, porque del día de la su angustia y aflicción no se salvarán.

9 Los entregaré en las manos de mis elegidos, como la paja en el fuego arderán frente la cara de los santos y como el plomo en el agua serán sumergidos frente a la cara de los justos , así serán sumergidos frente a la cara de los justos y no se encontrará más rastro de ellos.

10 En el día de su aflicción habrá descanso en la tierra, ante ellos caerán y no se levantarán jamás y nadie estará para levantarlos, porque han renegado del Señor de los espíritus y su Ungido. ¡Qué sea bendito el nombre del de Señor de los espíritus!

Capítulo 49

1 Porque ante Él, la Sabiduría está brotando como agua y la Gloria no decae por los siglos de los siglos.

2 Como tiene poder sobre todos los secretos de justicia, la injusticia desaparecerá como la sombra y no tendrá refugio, porque el Elegido está de pie ante el Señor de los espíritus y su gloria permanece por los siglos de los siglos y su poder por todas las generaciones.

3 En el habita el espíritu de la sabiduría, el espíritu que ilumina y da discernimiento, el espíritu de entendimiento y de poder, el espíritu de quienes han dormido en justicia.

4 Él es quien juzga las cosas secretas y nadie puede pronunciar palabras vanas frente a él, porque es el Elegido ante el Señor de los espíritus, según su voluntad. (Lc 9:35)

Capítulo 50

1 En esos días tendrá lugar un cambio para los santos y elegidos: la Luz de los Días residirá sobre ellos y la gloria y el honor virarán hacia los santos. (Ro 2:10)

2 En el día de la aflicción, cuando la desgracia se acumule sobre los pecadores, los justos triunfarán por el nombre del Señor de los espíritus y hará que otros testifiquen que pueden arrepentirse y renunciar a la obra de sus manos. (Sb 11:23; Ro 1:18-32, 2:4)

3 Ellos no tendrán ningún mérito en nombre del Señor de los espíritus, sin embargo serán salvados por su nombre y el Señor de los espíritus tendrá compasión de ellos porque su misericordia es grande. (Ro 3:24, 5:10)

4 Además Él es justo en su juicio y en presencia de su Gloria, la injusticia no podrá mantenerse; en su juicio el que no se arrepienta perecerá ante Él. (Ro 2:2-5,8-9)

5 "Y desde ese momento no tendré más misericordia con ellos", dijo el Señor de los espíritus.

Capítulo 51

1 En esos días la tierra devolverá lo que ha sido depositado en ella; el seol también devolverá lo que ha recibido y los infiernos devolverán lo que deben. (Is 26:19; Ez 37:1-4; Dn 12:2;Ap 20:13)

5a Por los mismos días el Elegido se levantará

2 y de entre ellos seleccionará a los justos y a los santos, porque se acerca el día en que serán salvados. (Mt 25:32)

3 El Elegido se sentará en mi trono en esos días y de su boca fluirán todos los misterios de la sabiduría y consejo, porque el Señor de los espíritus se lo ha concedido y lo ha glorificado. (Lc 9:35)

4 En esos días las montañas se moverán como arietes y las colinas saltarán como corderos que han tomado leche hasta quedar satisfechos; los rostros de los ángeles del cielo brillarán alegremente;

5b la tierra se regocijará, los justos la habitarán y los elegidos se pasearán por ella.

Capítulo 52

1 Después de esos días, en el sitio donde había visto todas las visiones de lo que está oculto, porque había sido arrastrado por un ciclón y conducido hacia el occidente,

2 allí mis ojos vieron los todos secretos del cielo que llegará: una montaña de cobre, otra de plata, otra de oro, otra de estaño y otra de plata.

3 Pregunté al ángel que iba conmigo, diciendo: "¿Qué cosas son éstas que he visto en secreto?".

4 Me dijo: "Todo lo que has visto servirá para el gobierno de su Ungido, para que pueda ser fuerte y poderoso sobre la tierra".

5 Y luego este ángel de paz dijo: "Espera un poco y te serán revelados todos los misterios que rodean al Señor de los espíritus:

6 "Esas montañas que tus ojos han visto, de hierro, cobre, plata, oro, estaño y plomo, en presencia del Elegido serán como la cera frente al fuego y como el agua derramada y se derretirán a sus pies. (Dn 2:34-45)

7 "Sucederá en esos días que nadie será salvado ni por el oro ni por la plata y nadie podrá escapar;

8 no habrá hierro para la guerra, ni revestimiento para corazas; el bronce será inútil, el estaño no será estimado y el plomo será indeseable.

9 "Todas estas cosas serán serán eliminadas de la superficie de la tierra cuando aparezca el Elegido ante el rostro del Señor de los espíritus".

Capítulo 53

1 Mis ojos vieron allí un profundo valle con amplias entradas y todos los que viven en los continentes, el mar y las islas le llevan regalos, presentes y símbolos de honor, sin que ese profundo valle llegara a llenarse.

2 Sus manos perpetraron crímenes y los pecadores devoran todo lo que producen con fatiga aquellos a quienes criminalmente oprimen; así los pecadores serán destruidos ante el rostro del Señor de los espíritus, serán desterrados de la faz de la tierra y perecerán para siempre. (Mi 3:2-4)

3 Porque vi a todos los ángeles del castigo establecerse allí y preparar todos los instrumentos de Satanás.

4 Y le pregunté al ángel de paz que iba conmigo: "¿Para qué preparan esos instrumentos?".

5 Me dijo: "Preparan eso para que los reyes y los poderosos de la tierra puedan ser destruidos. (Ap 16:14, 19:20, 20:7-10)

6 "Después de esto el Justo, el Elegido, hará aparecer la casa de su congregación y desde entonces, ellos no serán estorbados más en nombre del Señor de los espíritus.

7 "En presencia de su justicia, estas montañas no estarán más en la tierra, las colinas se convertirán en fuentes de agua y los justos descansarán de la opresión de los pecadores. (Mt 11:28)

Capítulo 54

1 Volví la mirada hacia otra parte de la tierra y vi allí un valle profundo con fuego ardiente,

2 y llevaron a los reyes y a los poderosos y comenzaron a arrojarlos en este valle profundo.

3 Allí mis ojos vieron cómo fabricaban sus instrumentos: cadenas de un peso inconmensurable.

4 Le pregunté al ángel de paz que iba conmigo, diciendo: "¿Para qué están siendo preparadas esas cadenas?".

5 Y me dijo: "Esas están siendo preparadas para las tropas de 'Asa'el, para que puedan agarrarlos y lanzarlos al abismo de total condenación y cubrir sus quijadas con piedras ásperas tal como mandó el Señor de los espíritus. (Ap 20:1-3)

6 Miguel, Gabriel, Rafael y Sariel en ese gran día los agarrarán y los arrojarán en el horno ardiente, para que el Señor de los espíritus pueda vengarse de ellos por convertirse en súbditos de Satanás y descarriar a aquellos que habitan sobre la tierra.

7 Como en los tiempos en que vino el castigo del Señor de los espíritus y Él abrió los depósitos de agua que están sobre los cielos y las fuentes subterráneas.

8 Y todas esas aguas se juntaron, aguas con aguas: las que están sobre los cielos son masculinas y las que están bajo la tierra son femeninas.

9 Y fueron exterminados los que habitaban sobre la tierra y bajo los límites del cielo,

10 para que reconocieran la injusticia que perpetraron sobre la tierra y por ella perecieron.

Capítulo 55

1 Tras ello la cabeza de los Días se arrepintió y dijo: "En vano he destruido a todos los que habitan sobre la tierra".

2 Y juró por su gran nombre: "De ahora en adelante no actuaré más así con los que habitantes de la tierra; colocaré un símbolo en los cielos como prenda de la fidelidad mía para con ellos por el tiempo que los cielos estén sobre la tierra.

3 "Esta es lo que está de acuerdo con mi decisión: Cuando desee atraparlos por manos de los ángeles en el día de la tribulación y el sufrimiento a causa de esto, desataré mi castigo y mi ira sobre ellos", dijo el Señor de los espíritus;

4 "reyes y poderosos que habitáis sobre la tierra, veréis a mi Elegido sentarse sobre el trono de gloria y juzgar a 'Asa'el, sus cómplices y sus tropas, en el nombre del Señor de los espíritus". (Mc 14:62)

Capítulo 56

1 Vi las huestes de los ángeles de castigo que iban sosteniendo látigos y cadenas de hierro y bronce.

2 Pregunté al ángel de paz que iba conmigo, diciendo: "¿A donde quién van aquellos que llevan látigos?".

3 Me dijo: "hacia sus queridos elegidos, para que sean arrojados a los profundo del abismo del valle;

4 entonces este valle será llenado con sus elegidos queridos, los días de su vida llegarán a su fin y a partir de ahí, el tiempo de su extravía no será contado.

5 "En esos días los ángeles regresarán y se lanzarán hacia el oriente, donde los partos y medos y sacudirán a los reyes, tanto que un espíritu de desasosiego los invadirá, y los derrocarán de sus tronos, de manera que huirán como leones de sus guaridas y como lobos hambrientos entre su manada.

6 "Ellos irán y pisarán la tierra de sus elegidos y la tierra de sus elegidos será ante ellos un camino trillado.

7 "Pero la ciudad de mis justos será un obstáculos para sus caballos: comenzarán a combatir contra ellos y su mano derecha desplegará su fuerza contra ellos. Un hombre no conocerá a su hermano ni un hijo a su padre ni a su madre, hasta que el número de cadáveres complete su matanza y su castigo no será en vano.

8 En ese tiempo el seol abrirá sus mandíbulas, serán engullidos por él y su destrucción culminará: la muerte devorará a los pecadores en presencia de los elegidos.

Capítulo 57

1 Sucedió después de eso que vi un ejército de carros conducidos por hombre y que iban sobre los vientos desde el oriente y desde el occidente hacia el sur.

2 Se escuchaba el ruido de los carros y cuando ocurrió tal alboroto los santos notaron que las columnas de la tierra se movieron de su sitio y el sonido que se produjo se oyó de un extremo al otro del cielo durante un día.

3 Y ellos se prosternaron y adoraron al Señor de los espíritus. Este es el fin de la segunda parábola.

Capítulo 58

1 Comencé a recitar la tercera parábola acerca de los justos y de los elegidos.

2 ¡Felices vosotros justos y elegidos pues vuestra suerte será gloriosa!

3 Los justos estarán a la luz del sol y los elegidos en la luz de la vida eterna; los días de su vida no tendrán fin y los días de los santos serán innumerables. (Ap 21:23-24; 4Es 2:35)

4 Buscarán la luz y encontrarán justicia con el Señor de los espíritus: habrá paz para los justos en nombre del Señor eterno. (Lc 2:14, 24:36)

5 Después de esto serán enviados los santos del cielo a buscar los misterios de la justicia, patrimonio de la fe, pues brilla como el sol sobre la tierra y las tinieblas están desapareciendo.

6 Habrá una luz infinita aunque por determinados días ellos no vendrán, porque antes habrán sido destruidas las tinieblas, la luz habrá sido afirmada ante el Señor de los espíritus y la luz de la verdad habrá sido establecida para siempre ante el Señor de los espíritus.

Capítulo 59

1 En esos días mis ojos vieron los misterios de los relámpagos, de las luces y de su juicio: ellos resplandecen para una bendición o para una maldición según la voluntad del Señor de los espíritus.

2 Allí vi los misterios del trueno y cómo cuando resuena en arriba en el cielo, su voz es escuchada y me hace ver el juicio ejecutado sobre la tierra, ya sea que sea para bienestar y bendición, o para maldición, según la voluntas del Señor de los espíritus.

3 Y después de esto todos los misterios de las luces y de los relámpagos me fueron mostrados: ellos brillan para bendecir y satisfacer.

Capítulo 60

1 En el decimocuarto día, del séptimo mes, del año quinientos de la vida (de Noé) vi que un poderoso temblor sacudió el cielo de los cielos y las huestes del Más Alto, multitudes de ángeles, miles y miles se veían angustiados por una gran agitación.

2 La Cabeza de los Días estaba sentado sobre el trono de su gloria y los ángeles y los justos permanecían a su alrededor.

3 Se apoderó de mí un gran temblor y me sobrecogió el temor: mis entrañas se abrieron, mis riñones se derritieron y caí sobre mi rostro.

4 Entonces Miguel otro de los ángeles santos, fue enviado para levantarme. Cuando me levantó mi espíritu retornó, pero yo no era capaz de soportar la visión de estas huestes, de su agitación y de las sacudidas del cielo.

5 Y Miguel me dijo: " "¿Por qué te asusta la visión de estas cosas? Hasta ahora ha sido el tiempo de su misericordia y Él ha sido misericordioso y lento para la ira para aquellos que viven sobre la tierra.

6 "Pero cuando venga el día, del poder, del castigo, del juicio que el Señor de los espíritus ha preparado para aquellos que no se inclinan ante la ley de la justicia, para aquellos que rechazan el juicio de la justicia y para aquellos que toman su nombre en vano, ese día está preparado para los elegidos un pacto, pero para los pecadores castigo.

7 Ese día se harán salir separados dos monstruos, unos femenino y otro masculino. El monstruo femenino se llama Leviatán y habita en el fondo del mar sobre la fuente de las aguas.

8 El monstruo masculino se llama Behemoth, se posa sobre su pecho en un desierto inmenso llamado Duindaín, al oriente del jardín que habitan los elegidos y los justos, donde mi abuelo fue tomado, el séptimo desde Adán el primer hombre a quien el Señor de los espíritus creó.

9 Le supliqué a otro ángel que me revelara el poder de esos monstruos, cómo fueron separados en un solo día y arrojados el uno al fondo del mar y el otro al suelo seco del desierto.

10 Me dijo: "Hijo de hombre, aquí vas a conocer los que es un misterio".

11 Me habló otro ángel que iba conmigo, que me revelaba lo que estaba oculto, el principio y el fin, en lo alto del cielo y bajo la tierra en lo profundo, en las extremidades del cielo y en sus cimientos;

12 y en los depósitos de los vientos, cómo los vientos son divididos, cómo son pesados y cómo en sus puertas los vientos son registrados de acuerdo con su fuerza; y el poder de la luz de la luna cómo es el poder que le corresponde; y la diferenciación entre las estrellas de acuerdo con sus nombres y cómo están subdivididas y clasificadas;

13 y el trueno en los lugares donde retumba y toda la distinción que es hecha entre los relámpagos para que ellos brillen y entre sus huestes para que ellas obedezcan rápidamente.

14 El trueno hace pausas mientras espera su eco. Trueno y relámpago son inseparables, son unidos por medio del espíritu y no están separados,

15 pues cuando el relámpago resplandece, el trueno hace oír su voz y el espíritu lo aplaca mientras repica, y distribuye por igual entre ambos, pues el depósito de sus ecos es como arena y cada uno de ellos como sus ecos son retenidos con un freno y devueltos por el poder del espíritu, son impulsados hacia muchas regiones de la tierra.

16 El espíritu del mar es masculino y vigoroso y según su fuerza lo devuelve con un freno y así es alejado y dispersado entre todas las montañas de la tierra.

17 El espíritu de la helada es su propio ángel y el espíritu del granizo es un buen ángel.

18 El espíritu de la nieve la deja caer de sus por su propia fuerza desde sus depósitos; ella tiene un espíritu especial que sube de ella como humo y se llama escarcha.

19 El espíritu de la neblina no está unido con ellos en sus depósito, sino que tiene un depósito propio, ya que su ruta es maravillosa, tanto en la luz como en la oscuridad, en invierno como en verano y su mismo depósito es un ángel.

20 El espíritu del rocío habita en los límites del cielo y está conectado con los depósitos de la lluvia; viaja en invierno o en verano y su nube y la nube de la neblina están relacionadas y la una da a la otra.

21 Cuando el espíritu de la lluvia sale del depósito, los ángeles van, abren el depósito y la dejan salir y cuando ella se derrama sobre toda la tierra, se une al agua que está sobre la tierra .

22 Porque las aguas son para los que viven sobre la tierra y son un alimento para la tierra seca, que viene desde el Más Alto que está en el cielo, por eso hay una medida para la lluvia y los ángeles se encargan de ella.

23 Estas cosas vi en los alrededores del jardín de los justos

24 y el ángel de paz que estaba conmigo me dijo: "Esos dos monstruos han sido preparados para el gran día de Dios y son alimentados a fin de que

25 el castigo del Señor de los espíritus no caiga en vano sobre ellos, harán morir los niños con sus madres y los hijos con sus padres y luego tendrá lugar el juicio acorde con su misericordia y su paciencia.

Capítulo 61

1 He aquí que en esos días vi como unas cuerdas largas fueron dadas a esos ángeles y ellos se colocaron alas y volaron hacia el norte.

2 Le pregunté al ángel diciéndole: "¿Por qué han tomado esas cuerdas y se han ido?". El me dijo "Se han ido a medir".

3 El ángel que iba conmigo me dijo: "Ellos llevan a los justos las medidas de los justos y las cuerdas de los justos para que se apoyen en el nombre del Señor de los espíritus por los siglos de los siglos.

4 "Los elegidos comenzaron a residir con el Elegido y esas son las medidas que serán dadas para fe y que fortalecerán la justicia.

5 "Estas medidas revelarán todos los misterios de las profundidades de la tierra y los que han sido destruidos por el desierto o tragados por las fieras o por los peces del mar, esos podrán regresar sostenidos por el día del Elegido, porque ninguno será destruido ante el señor de los espíritus, ninguno podrá ser destruido.

6 "Todos los que habitan en lo alto del cielo han recibido un mandamiento, un poder, una sola voz y una luz como fuego.

7 "A él con sus primeras palabras lo bendijeron, ensalzaron y alabaron con sabiduría y han sido sabios en la palabra y el espíritu de vida. (Hb 5.12)

8 "El Señor de los Espíritus colocó al Elegido sobre el trono de gloria y el juzgará todas las obras de los santos y sus acciones serán pesadas en la balanza.

9 "Cuando alce la cara para juzgar sus vidas secretas según la palabra del nombre del Señor de los espíritus, su sendero por la vía del juicio justo del Señor de los espíritus, entonces a una sola voz hablarán, bendecirán, glorificarán, exaltarán y proclamarán santo el nombre del Señor de los espíritus.

10 "Él convocará a todas las huestes de los cielos, a todos los santos, a las huestes de Dios, a los Querubines, a los Serafines, a los Ofanines, a todos los ángeles de poder, a todos los ángeles de los principados y al Elegido y a los demás poderes sobre la tierra y sobre el agua. (Ef 1:21; Cl 1.16; 1P 3:22)

11 Ese día ellos elevarán una sola voz, bendecirán, alabarán y exaltarán en espíritu de fidelidad, en espíritu de sabiduría, en espíritu de paciencia, en espíritu de misericordia, en espíritu de justicia, en espíritu de paz y en espíritu de verdad y dirán a una sola voz: "Bendito es Él y bendito sea el nombre del Señor de los espíritus para siempre y por toda la eternidad.

12 "Todos los que no duermen en el cielo alto le bendecirán; todos los santo que están en el cielo te bendecirán; todos los elegidos que habitan en el jardín de la vida y todo espíritu de luz que sea capaz de bendecir, alabar, ensalzar y proclamar santo tu nombre y toda carne glorificará y bendecirá tu nombre más allá de toda medida por los siglos de los siglos.

13 "Porque grande es la misericordia del Señor de los espíritus, Él es paciente y todas sus obras y toda su creación las ha revelado a los justos y a los elegidos, en nombre del Señor de los espíritus .

Capítulo 62

1 Así ordenó el Señor a los reyes, a los poderosos, a los dignatarios y a todos los que viven sobre la tierra, diciendo: "Abrid los ojos y levantad vuestras frentes por si sois capaces de reconocer al Elegido".

2 El Señor de los espíritus se sentó en su trono de gloria, el espíritu de justicia se esparció sobre Él y la palabra de su boca exterminó a todos los pecadores e injustos y ninguno de ellos subsistirá frente a Él. (Ap 19:15)

3 Ese día todos los reyes y los poderosos y los que dominan la tierra se levantarán, le verán y le reconocerán cuando se siente sobre el trono de su gloria; la justicia será juzgada ante Él y no se pronunciará palabra vana frente a Él.

4 El dolor vendrá sobre ellos como a una mujer en un parto difícil, cuando su hijo viene por la abertura de la pelvis y sufre para dar a luz. (Mc 13:8)

5 Se mirarán los unos a los otros aterrorizados, bajarán la mirada y la pena se apoderará de ellos cuando vean a este Hijo de Mujer sentarse sobre el trono de su gloria. (Dn 7:13; Mt 25:31; Mc 14:62)

6 Y los reyes, los poderosos y todos los que dominan la tierra alabarán, bendecirán y ensalzarán a quien reina sobre todo lo que es secreto.

7 Porque desde el principio el Hijo del Hombre fue ocultado y el Más Alto lo preservó en medio de su poder y lo reveló a los elegidos.

8 La asamblea de los elegidos y los santos será sembrada y todos los elegidos se sostendrán en pie en ese día;

9 pero los reyes, los poderosos, los dignatarios y los que dominan la tierra caerán ante Él sobre sus rostros, adorarán y pondrán su esperanza en este Hijo del Hombre, le suplicarán y le pedirán misericordia.

10 Sin embargo, el Señor de los espíritus los apremiará para que se apresuren a salir de su presencia, avergonzará sus caras y las tinieblas se acumularán sobre sus rostros; (Mt 25:41)

11 Él los entregará a los de castigo para ejecutar la venganza porque han oprimido a sus hijos, a sus elegidos.

12 Serán un espectáculo para los justos y los elegidos, quienes se alegrarán a costa de ellos, porque la ira del Señor de los espíritus cayó sobre ellos y su espada se emborrachó con su sangre.

13 En cambio los justos y los elegidos serán salvados ese día y nunca más le verán la cara a los pecadores ni a los injustos.

14 El Señor de los espíritus residirá sobre ellos y con este Hijo del Hombre comerán, descansarán y se levantarán por los siglos de los siglos.

15 Los justos y los elegidos se habrán levantado de la tierra, dejarán de estar cabizbajos y se vestirán con prendas de gloria. (1Co 15:53)

16 Tales serán las prendas de vida del Señor de los espíritus: vuestra ropa no envejecerá y vuestra gloria no terminará ante el Señor de los espíritus. (2Co 5:2)

Capítulo 63

1 En esos días los reyes, los poderosos y los que dominan la tierra suplicarán a los ángeles del castigo, a quienes habrán sido entregados, para que les den un poco de descanso, y puedan postrarse ante el Señor de los espíritus, adorarlo y reconocer sus pecados ante Él. (Lc 16:23-31)

2 Bendecirán y alabarán al Señor de los espíritus y dirán: "Bendito es el Señor de los espíritus, Señor de reyes, Señor de los poderosos, Señor de los ricos, Señor de gloria, Señor de sabiduría;

3 "Sobre todas las cosas secretas es esplendoroso tu poder de generación en generación y tu gloria por los siglos de los siglos; profundos e innumerables son tus misterios e inconmensurable es tu justicia.

4 "Ahora hemos aprendido que debemos alabar y bendecir al Señor de los reyes pues reina sobre todos los reyes". (Mt 23:39)

5 Y ellos dirán: "Ojalá hubiera descanso para glorificar y dar gracias y confesar nuestra fe ante su gloria.

6 "Ahora suspiramos por un pequeño descanso, pero no lo encontramos, insistimos pero no lo obtenemos; la luz se desvanece ante nosotros y las tinieblas son nuestra morada por los siglos de los siglos.

7 "Porque ante Él no hemos creído ni hemos alabado el nombre del Señor de los espíritus y en cambio nuestras esperanzas estuvieron en el cetro de nuestro reinado y en nuestra gloria.

8 "Así, el día de nuestro sufrimiento y tribulación Él no nos ha salvado y no encontramos tregua para confesar que nuestro Señor es veraz en todas su obras y su justicia y que en su juicio no hace acepción de personas. (Si 42:1; St 2:5-9)

9 "Desaparecemos de su presencia a causa de nuestras obras y todos nuestros pecados han sido contabilizados justamente."

10 Después ellos se dirán: "Nuestras almas están llenas de riquezas injustas pero ellas no nos preservan de descender en medio del peso de la muerte". (Lc 16:9)

11 Luego, sus rostros estarán llenos de oscuridad y de vergüenza ante el Hijo del Hombre, serán expulsados de su presencia y la espada permanecerá frente a sus caras. (Mt 26:64)

12 Entonces dijo el Señor de los espíritus: "Tal es la sentencia y el juicio con respecto a los poderosos, los reyes, los dignatarios y aquellos que dominaron la tierra frente al Señor de los espíritus".

Capítulo 64

1 Después, vi otras figuras ocultas en ese lugar.

2 Escuché la voz de un ángel diciendo: "Estos son los Vigilantes que descendieron sobre la tierra y le revelaron a los humanos lo que era secreto y los indujeron a pecar".

Capítulo 65

1 En esos días Noé vio que la tierra estaba amenazada de ruina y que su destrucción era inminente;

2 y partió de allí y fue hasta los extremos de la tierra; le gritó fuerte a su abuelo Enoc y le dijo tres veces con voz amargada: "¡Escúchame, escúchame, escúchame!"

3 Yo le dije: "Dime, ¿Qué es lo que está pasando sobre la tierra para que sufra tan grave apuro y tiemble? Quizá yo pereceré con ella".

4 Tras esto hubo una gran sacudida sobre la tierra y luego una voz se hizo oír desde el cielo y yo caí sobre mi rostro".

5 Y Enoc, mi abuelo vino, se mantuvo cerca de mí y me dijo: "¿Por qué me has gritado con amargura y llanto?".

6 Después fue expedida un orden desde la presencia del Señor de los espíritus sobre los que viven en la tierra, para que se cumpliera su ruina, porque todos han conocido los misterios de los Vigilantes, toda la violencia de los Satanes, todos sus poderes secretos, el poder de los maleficios, el poder de los hechiceros y el poder de quienes funden artículos de metal para toda la tierra:

7 cómo la plata se produce del polvo de la tierra, cómo el estaño se origina en la tierra,

8 pero el plomo y el bronce no son producidos por la tierra como la primera, sino que una fuente los produce y hay un ángel prominente permanece allí.

9 Luego, mi abuelo Enoc me tomó por la mano, me levantó y me dijo: "Vete, porque le he preguntado al Señor de los espíritus sobre esta sacudida de la tierra;

10 Él me ha dicho: "Por causa de su injusticia se ha determinado su juicio y no será detenido por mí nunca porque las brujerías que ellos han buscado y aprendido, la tierra y los que habitan en ella, serán destruidos".

11 En cuanto a esos ángeles, no habrá lugar para su arrepentimiento, porque han revelado lo que era secreto y están malditos, pero en cuanto a ti, hijo mío, el Señor de los espíritus sabe que eres puro, y sin culpa ni reproche al respecto de los secretos.

12 "Él ha destinado tu nombre entre los santos y te preservará entre los que viven sobre la tierra. Él ha destinado tu linaje para la realeza y para grandes honores y de tu semilla brotará una fuente de justos y de santos innumerables, por siempre.

Capítulo 66

1 Después me mostró los ángeles de castigo que estaban listos para venir y desatar la fuerza de las aguas que están debajo de la tierra.

2 y el Señor de los espíritu le mandó a los ángeles que iban saliendo que no levantaran las aguas sino que las represarán, ya que estos ángeles estaban encargados de la potencia de las aguas.

3 Y yo me retiré de la presencia de Enoc.

Capítulo 67

1 En esos días la palabra del Señor del universo vino a mí y Él me dijo: "Noé, tu destino ha llegado hasta mí, un destino sin mancha, un destino de amor y rectitud.

2 "Ahora los ángeles están construyendo una casa de madera y cuando terminen su tarea, extenderé mi mano sobre ella y la preservaré y la semilla de vida germinará de ella y se producirá un cambio para que la tierra no quede desocupada.

3 "Yo consolidaré tu linaje ante mí para siempre, diseminaré a los que viven contigo y no será estéril, sino será bendecida y multiplicada sobre la superficie de la tierra en el nombre del Señor".

4 Él encarcelará a los Vigilantes que han demostrado injusticia, en este valle ardiente que antes me había mostrado mi abuelo Enoc en el occidente, cerca de las montañas de oro, plata, hierro, estaño y plomo.

5 Vi ese valle donde había gran perturbación y agitación de aguas.

6 Cuando todo esto ocurrió, de aquel ardiente metal fundido y desde la agitación, en ese lugar se produjo un olor a azufre y se mezcló con las aguas y ese valle donde estaban los Vigilantes que habían seducido a la humanidad, arde bajo la tierra.

7 De sus valles salen ríos de fuego donde son castigados esos Vigilantes que han seducido a quienes habitan sobre la tierra.

8 Esas aguas servirán en estos días a los reyes, a los poderosos y a los dignatarios y a aquellos que habitan sobre la tierra, para salud del cuerpo y para castigo del espíritu, pero su espíritu está lleno de codicia y su carne será castigada porque han rechazado al Señor de los espíritus. Serán castigados diariamente y aun así no creerán en el Señor de los espíritus.

9 Tanto como su cuerpo es quemado severamente , se produce un cambio en su espíritu por los siglos de los siglos, porque nadie profiere una palabra vana ante el Señor de los espíritus.

10 Porque el juicio vendrá sobre ellos a causa de que ellos creen en el deseo de su carne y rechazan al Espíritu del Señor.

11 En esos días hubo en esas aguas un cambio, pues cuando los Vigilantes son castigados en ellas las fuentes de agua cambian de temperatura, y cuando los ángeles suben las aguas se vuelven frías.

12 Oí a Miguel hablar y decir: "Este juicio en el que los Vigilantes son sentenciados es un testimonio para los reyes y los poderosos que dominan la tierra; (2P 2:4)

13 porque estas aguas de castigo proporcionan salud a los cuerpos de los reyes y curan la concupiscencia de su carne, sin embargo ellos no creen ni ven que esas aguas cambiarán y se convertirán en fuego que arderá para siempre". (Mt 3:12)

Capítulo 68

1 Después de eso, mi abuelo Enoc me dio la explicación de todos los misterios en un libro y en las parábolas que le habían sido dadas y él las reunió para mí en las palabras del Libro de las Parábolas.

2 Ese día Miguel habló y le dijo a Rafael: "El poder del Espíritu me transporta y me hace estremecer a causa de la severidad del juicio por los secretos y del castigo de los ángeles. ¿Quién podrá soportar la rigurosa sentencia que ha sido ejecutada y frente la cual ellos se deshacen?".

3 Miguel habló de nuevo y le dijo a Rafael: "¿Existe alguien cuyo corazón no sea tocado por esto y cuyos riñones no se turben por esta sentencia proferida contra aquellos que han sido arrojados?".

4 Pero sucedió que cuando Miguel llegó ante el Señor de lo espíritus, le dijo a Rafael: "No haré la defensa de ellos a los ojos del Señor, pues el Señor de los espíritus está furioso con ellos, porque se comportaron como si fueran el Señor.

5 "Por esto, todo lo que es secreto vendrá contra ellos por los siglos de los siglos; pues ni ángel ni humano recibirán su porción, pero ellos han recibido sus sentencia por los siglos de los siglos".

Capítulo 69

1 Después de este juicio estarán llenos de estupor y los harán temblar porque ellos han revelado aquello a los humanos que habitan la tierra.

2 He aquí los nombres de estos Vigilantes: Shemihaza, quien era el principal y en orden con relación a él, Ar'taqof, Rama'el, Kokab'el, -'el, Ra'ma'el, Dani'el, Zeq'el, Baraq'el, 'Asa'el, Harmoni, Matra'el, 'Anan'el, Sato'el, Shamsi'el, Sahari'el, Tumi'el, Turi'el, Yomi'el, y Yehadi'el.

3 Y los que siguen son los nombres de sus ángeles, de sus jefes de centenas y cincuentenas.

4 El primero es Yeqon, éste indujo a todos los hijos del cielo y los hizo descender sobre la tierra y los sedujo con las hijas de los hombres.

5 El nombre del segundo es Asbe'el, éste dio un mal consejo a los hijos del cielo y los condujo a corromperse a sí mismos con las hijas de los hombres.

6 El nombre del tercero es G'adri'el, este mostró a las hijas de los hombres todas las formas de dar muerte, fue él quien sedujo a Eva y él es quien enseñó a los hijos de los hombres los escudos, las corazas, las espadas de combate y todas las armas de muerte;

7 desde su mano ellos han procedido en contra de quienes viven en la tierra desde ese día y por todas las generaciones.

8 El nombre del cuarto es Panamu'el, éste mostró a los hijos de los hombres lo amargo y lo dulce y les reveló todos los secretos de su sabiduría:

9 les enseñó a los humanos a escribir con tinta y papiros y son muchos los que se han descarriado a causa de ello, desde el comienzo hasta este día.

10 Porque los hombres no han sido traídos al mundo con el propósito de afianzar su creencia en la tinta y el papel,

11 sino que los humanos han sido creados con la intención de que vivieran puros y justos para que la muerte que todo lo destruye no pudiera

alcanzarles. Pero por culpa de este conocimiento suyo, el poder de ella me devora.

12 El nombre del quinto es K'asdeya'el, este mostró a los hijos de los hombres todas la plagas de los espíritus y los demonios: la plaga de embrión en el vientre para que aborte, la mordedura de serpiente, la plaga que sobreviene con el calor de mediodía, el hijo de la serpiente cuyo nombre es Taba'et.

13 Esta es la tarea de K'asbe'el, mostró a los santos el jefe del juramento, cuyo nombre es B'iq'a.

14 Éste pidió a Miguel que le revelase el nombre secreto para que el lo mencionara en el juramento, porque aquellos que han revelado a los hijos de los hombres todo lo que es secreto, tiemblan ante este nombre.

15 He aquí que el poder de este juramento es fuerte y poderos y Él dispuso este juramento Aka'e, en la mano de Miguel.

16 Estos son los secretos de este juramento: ellos son fuertes en su juramento y el cielo fue suspendido antes de que el mundo fuera creado;

17 por ello la tierra ha sido cimentada sobre el agua y desde lo más recóndito de las montañas provienen aguas hermosas, desde la creación del mundo hasta la eternidad;

18 debido a este juramento el mar ha sido creado y para su cimiento en el tiempo de la cólera Él le ha dado arena y ella no se atreve a irse más allá desde la creación del mundo hasta la eternidad;

19 por este juramento las profundidades son firmes y estables y no se mueven de su sitio, desde la eternidad hasta la eternidad;

20 por este juramento el sol y la luna cumplen su ruta sin desobedecer sus leyes, desde la eternidad hasta la eternidad;

21 por este juramente las estrellas siguen su curso, Él las llama por su nombre y ellas le responden, desde la eternidad hasta la eternidad.

22 De igual forma los espíritus del agua, de los vientos y de todas las brisas desde todas las regiones de la tierra.

23 Allí son preservadas la voz del trueno y la luz del relámpago y allí son preservados los depósitos del granizo, la escarcha, la nieve la lluvia y el rocío.

24 Todos estos son fieles y dan gracias ante el Señor de los espíritus y le alaban con todas sus fuerzas y su alimento está en toda acción de gracias y agradecen, alaban y ensalzan el nombre del Señor de los espíritus por los siglos de los siglos.

25 Este juramento es poderoso y a través de él, sus senderos son preservados y su curso no será destruido.

26 Y hubo gran alegría entre ellos, bendijeron alabaron y ensalzaron al Señor, porque les ha sido revelado el nombre de este Hijo del Hombre.

27 El se sentó sobre el trono de su gloria y la suma del juicio le ha sido dada al Hijo del Hombre y Él ha hecho que los pecadores sean expulsados y destruidos de la faz de la tierra;

28 y los que han descarriado al mundo serán atados con cadenas y en el lugar donde habían sido reunidos para la destrucción serán encarcelados y todas sus obras desaparecerán de la faz de la tierra. (Ap 20:1-3)

29 A partir de entonces nada se corromperá, porque este Hijo del Hombre ha aparecido y se ha sentado en el trono de su gloria, toda maldad se alejará de su presencia y la palabra de este Hijo del Hombre saldrá y se fortalecerá ante el Señor de los espíritus. Esta es la tercera parábola de Enoc.

Capítulo 70

1 Y sucedió después esto: que su nombre fue elevado en vida, arriba hacia este Hijo del Hombre y hacia el Señor de los espíritus, lejos de los que viven en la tierra; (Gn 5:24; Si 44:16; Sb 4:10-11; Hb 11:5)

2 y fue elevado sobre el carro del espíritu y el nombre desapareció de entre ellos.

3 Desde ese día no fui contado más entre ellos y Él me hizo sentar entre dos regiones, entre el norte y el occidente, allí donde los ángeles habían tomado cuerdas para medir para mí el lugar para los elegidos y los justos.

4 Allí vi a los primeros padres y a los justos que desde el comienzo habitan en ese lugar.

Capítulo 71

1 Y ocurrió entonces que mi espíritu fue trasladado y ascendió a los cielos y vi a los hijos de Dios. Ellos caminaban sobre llamas de fuego, sus ropas eran blancas y su cara resplandecía como el cristal.

2 Vi dos ríos de fuego, la luz de este fuego brillaba como el jacinto y caí sobre mi rostro ante el Señor de los espíritus.

3 El ángel Miguel me tomó de la mano derecha, me levantó y me condujo dentro de toso los misterios y me reveló los secretos de los justos; (Dn 12:1)

4 me reveló los secretos de los límites del cielo y todos los depósitos de las estrellas, de las luminarias, por donde nacen en presencia de los santos.

5 El trasladó mi espíritu dentro del cielo de los cielos y vi que allí había una edificación de cristal y entre esos cristales, lenguas de fuego vivo. (Ac 2:34)

6 Mi espíritu vio un círculo que rodeaba de fuego esta edificación y en sus cuatro esquinas había fuentes de fuego vivo. (Ap 21:11)

7 Al rededor de ella había Serafines, Querubines y Ofanines, estos son los que no duermen y vigilan el trono de su gloria.

8 Vi innumerables ángeles, miles y miles, miríadas y miríadas rodeando esa edificación

9 y a Miguel, Rafael, Gabriel y Sariel y a una multitud de santos incontable.

10 Con ellos estaba la cabeza de los Días, su cabeza era blanca y pura como la lana y sus vestidos eran indescriptibles.

11 Caí sobre mi rostro, todo mi cuerpo desmayó, mi espíritu fue trasfigurado, grité con voz fuerte, con espíritu de poder y bendije, alabé y exalté.

12 Estas bendiciones que salieron de mi boca fuero consideradas agradables ante esta Cabeza de los Días.

13 Y esta Cabeza de los Días vino con Miguel, Gabriel, Rafael y Sariel y una multitud innumerable de ángeles.

14 Vino a mí, me saludó con su voz y me dijo: "Este es el Hijo del Hombre que ha sido engendrado por la justicia, la justicia reside sobre él y la Cabeza de los Días no le abandonará". (Dn 7:13; Za 6:12)

15 Me dijo: "Él proclamará sobre ti la paz, en nombre del mundo por venir, porque desde allí ha provenido la paz desde la creación del mundo y así la paz estará sobre ti para siempre y por toda la eternidad. (Is 9:5)

16 Todo andará por su camino y mientras, la justicia no lo abandonará jamás, con Él vivirá, con Él su herencia y de Él no será separada nunca ni por toda la eternidad. (Sal 85:11-14)

17 Serán muchos días con este Retoño del Hombre y la paz y el camino correcto será para los justos en nombre del señor de los espíritus, eternamente. (Is 11:1; 53:2; 60:21)

LIBRO SOBRE EL MOVIMIENTO DE LAS LUMINARIAS CELESTIALES (O EL LIBRO ASTRONÓMICO)

Capítulo 72

1 El Libro del Movimiento de la Luminarias Celestiales, las relaciones entre ellas, de acuerdo con su clase, su dominio y su estación, cada una según su nombre y el sitio de su salida y según sus meses, las cuales Uriel, el santo ángel que estaba conmigo y que es su guía, me mostró y me reveló todas sus leyes exactamente como son y como se observan todos los años del mundo, hasta la eternidad, hasta que se complete la nueva creación que durará hasta la eternidad.

2 Esta es la primera ley de las luminarias, la luminaria del sol, que tiene su nacimiento en las puertas orientales del cielo y su puesta en las puertas occidentales del cielo.

3 Vi seis puertas donde el sol nace y seis puertas donde el sol se oculta, y la luna nace y se oculta por esas puertas, así como los líderes de las estrellas y quienes los guían a ellos. Son seis puertas al oriente y seis al occidente, una tras la otra en riguroso orden y además muchas ventanas a la derecha y a la izquierda de esas puertas.

4 Primero allí aparecía la gran luminaria cuyo nombre es el sol y cuya circunferencia es como la circunferencia del cielo y está totalmente lleno de un fuego que alumbra y abrasa.

5 El viento lleva el carro en el que él asciende y el sol se oculta y retorna a través del norte para regresar al oriente y es conducido para que entre por esa puerta y brille en la faz del cielo.

6 En esta forma nace en el primer mes por la gran puerta que es la cuarta.

7 En esta cuarta puerta por la cual el sol nace el primer mes hay doce ventanas abiertas de las cuales procede una llama cuando están abiertas en su estación.

8 Cuando el sol nace viene desde esa cuarta puerta por treinta mañanas seguidas y se pone exactamente por la cuarta puerta en el occidente del cielo.

9 Durante este período cada día llega a ser más largo que el anterior y cada noche llega a ser más corta que la anterior:

10 En ese momento el día se ha alargado en una novena parte a costa de la noche: el día equivale a diez partes y la noche exactamente a ocho partes.

11 El sol nace por esa cuarta puerta y se pone por la cuarta y vuelve a la quinta puerta oriental a las treinta mañanas y nace por la quinta puerta y se pone por la quinta puerta.

12 Entonces el día se ha alargado en dos partes y es de once partes y la noche es más corta y es de siete partes.

13 Y retorna al oriente y entra en la sexta puerta y nace; y se oculta por la sexta puerta durante treinta y una mañanas, por cuenta de su signo.

14 En ese momento el día es más largo que la noche, el día llega a ser el doble de la noche y equivale a doce partes y la noche es acortada y equivale a seis partes.

15 Entonces el sol se eleva para acortar el día y alargar la noche y el sol regresa al oriente para entrar por la sexta puerta y nace por ella, y se pone, durante treinta mañanas.

16 Y cuando las treinta mañanas han pasado el sol ha disminuido en una parte exactamente y equivale a once partes y la noche a siete.

17 El sol sale del occidente por esa sexta puerta y va al oriente y nace por la quinta puerta durante treinta mañanas y se pone en el occidente, de nuevo por la quinta puerta.

18 En ese momento el día disminuye en otra parte y equivale a diez partes y la noche a ocho.

19 El sol va desde esa quinta puerta y se oculta por la quinta puerta del occidente y nace por la cuarta puerta durante treinta y un mañanas a causa de su signo y se oculta por el occidente.

20 En ese momento el día es igual a la noche, llegan a ser equivalentes: la noche tiene nueve partes y el día nueve partes.

21 El sol que nace por esa puerta y se oculta por el occidente, , nace por la tercera puerta por treinta mañanas y se pone al occidente por la tercera puerta.

22 En ese momento la noche es más larga que el día y que las noches anteriores y cada día es más corto que el día anterior hasta la trigésima mañana; la noche equivale exactamente a diez partes y el día a ocho.

23 El sol que nace por aquella tercera puerta y se pone por la tercera puerta en el occidente, regresa para salir por el oriente y nace por la segunda puerta durante treinta mañanas y así mismo se pone por la segunda puerta al occidente del cielo.

24 En ese momento la noche equivale a once partes y el día a siete.

25 El sol que sale durante ese período por esa segunda puerta y se pone al occidente por la segunda puerta, vuelve al oriente por la primera puerta durante treinta y una mañanas y se oculta por la primera puerta al occidente del cielo.

26 En ese momento la noche se ha alargado hasta llegar a ser dos veces el día: la noche equivale exactamente a doce partes y el día a seis.

27 El sol que ha recorrido las secciones de sus órbitas, vuelve de nuevo sobre ellas y entra por cada una de sus puertas durante treinta mañanas y se pone al occidente por la opuesta.

28 Entonces la noche disminuye una parte su duración y la noche equivale a once partes y el día a siete.

29 El sol ha regresado y ha entrado por la segunda puerta del oriente y retorna por las secciones de su órbita durante treinta mañanas naciendo y ocultándose.

30 En ese momento la duración de la noche disminuye y equivale a diez partes y el día a ocho.

31 Entonces el sol nace por la segunda puerta y se pone por el occidente y vuelve al oriente y nace por la tercera puerta durante treinta y una mañana y se pone al occidente del cielo.

32 En ese momento la noche se ha acortado y equivale a nueve partes y el día equivale a nueve partes, la noche es igual al día y el año tiene exactamente trescientos sesenta y cuatro días. (Jubileos 6:32)

33 La duración del día y de la noche y el acortamiento del día o de la noche, son señaladas por el recorrido del sol.

34 Así en ese recorrido el día se alarga y la noche se acorta.

35 Ésta es la ley del recorrido del sol y su retorno, según la cual el vuelve y nace sesenta veces, así la gran luminaria que se llama sol, por los siglos de los siglos.

36 La que se levanta es la gran luminaria, nombrada según su propia apariencia, como lo ha ordenado el Señor.

37 Así como nace se oculta, sin decrecer ni descansar, sino recorriendo día y noche; y su luz brilla siete veces más que la de la luna, aunque al observarlos a ambos tengan igual tamaño.

Capítulo 73

1 Después de esta ley, vi otra ley, que trata sobre la pequeña luminaria, cuyo nombre es luna.

2 Su circunferencia es como la circunferencia del cielo y el carro en el cual monta y la luz le es dada con mesura;

3 y cada mes su nacimiento y su puesta se modifican; sus días son como los días del sol y cuando su luz es plena, es la séptima parte de la luz del sol.

4 Así nace: en su primera fase nace del lado del oriente el trigésimo día y en la época en que ella aparece es para vosotros el principio del mes sobre el trigésimo día, simultáneamente cuando el sol está en la puerta por la cual nace.

5 Es visible en la mitad de la séptima parte; toda su circunferencia está vacía sin luz, con excepción de medio séptimo, la catorceava parte de su luz.

6 Y cuando recibe medio séptimo de su luz, su luz se incrementa la mitad de la séptima parte de ella.

7 Se pone con el sol y cuando el sol nace la luna nace con él y recibe la mitad de una séptima parte de luz y en esa noche, en el comienzo de su mañana, la luna se oculta con el sol y es invisible esa noche en sus catorceavo o en el medio séptimo.

8 Ella nace en ese momento exactamente con una séptima parte y sale y se inclina hacia el nacimiento del sol y en el resto de sus días llega a brillar en las otras trece partes.

Capítulo 74

1 He visto otra ruta, una ley para ella, cómo por medio de esta ley se cumple el movimiento de sus meses.

2 Todo esto me lo mostró Uriel, el ángel santo que el el líder de todos ellos, anotó su posición tal y como él me la ha revelado y anotó sus meses tal y como son y el aspecto de su luz hasta que se cumplan quince días.

3 En cada séptima parte ella cumple su luz al oriente y en cada séptima parte ella cumple su oscuridad al occidente.

4 En ciertos meses ella altera sus puestas y en ciertos meses ella sigue su propio curso.

5 Son dos los meses en que la luna se oculta con el sol, por las dos puertas que está en la mitad, la tercera y la cuarta.

6 Ella sale por siete días, vira y retorna por la puerta por donde sale el sol.

7 Cuando el sol sale por la séptima puerta, ella sale por siete días, hasta que nace por la quinta y vira y regresa de nuevo durante siete día por la cuarta puerta, completa toda su luz, se aleja y entra por la primera puerta durante ocho días.

8 Ella retorna durante siete días por la cuarta puerta por la que sale el sol.

9 Así he visto su posición, cómo la luna sale y el sol se pone durante esos días.

10 Si añadimos cinco años el sol tiene un excedente de treinta días y todos los días que suma uno de estos cinco años al completarse, son trescientos sesenta y cuatro días.

11 El excedente del sol y las estrellas llega a seis día, en cinco años de a seis días por año son treinta días y a la luna le faltan treinta días con respecto al sol y las estrellas.

12 El sol y las estrellas llevan completo el año exactamente, tanto que ellos no adelantan ni retroceden su posición ni un sólo día por toda la eternidad y completan los años con perfecta justicia cada trescientos sesenta y cuatro días.

13 En tres años hay mil noventa y dos días, en cinco años, mil ochocientos veinte días y en ocho años dos mil novecientos doce días.

14 Pero para la luna sola sus días en tres años llegan a mil sesenta y dos y a los cinco años le faltan cincuenta días,

15 Ella tiene en cinco años mil setecientos setenta días y así hay para la luna durante ocho años, dos mil ochocientos treinta y dos días.

16 A los ocho años le faltan ochenta días.

17 El año se cumple regularmente según las estaciones del mundo y la posición del sol, que sale por las puertas por las cuales nace y se oculta durante treinta días.

Capítulo 75

1 Los jefes de las cabezas de mil que están encargados de toda la creación y de todas las estrellas tienen qué hacer con los cuatro días intercalados, siendo inseparables de su obra de acuerdo con el cómputo del año, tienen que prestar servicio durante cuatro días que no son contabilizados.

2 Por esta causa los hombres se equivocan pues estas luminarias prestan servicio exactamente a las estaciones del mundo, una por la primera puerta , otra por la tercera, otra por la cuarta y otra por la sexta puerta y la armonía del mundo se cumple en trescientos sesenta y cuatro estaciones.

3 Porque los signos, los tiempos, los años y los días me los mostró Uriel, el Vigilante a quien el Señor de gloria ha encargado de todas las luminarias del cielo y en el mundo, para que reinen sobre la faz del cielo, sean vistas desde la tierra y sean las guías del día y de la noche, así el sol la luna, las estrellas y todas las criaturas auxiliares que recorren sus órbitas en los carros del cielo.

4 De la misma forma Uriel me mostró doce puertas abiertas en el recorrido de los carros del sol en los cielos; por ellas salen los rayos del sol y se expande el calor sobre la tierra cuando están abiertas en las estaciones que le son asignadas.

5 Ellas sirven también para los viento y el espíritu del rocío cuando están abiertas en los límites de los cielos.

6 Son doce las puertas del cielo en los confines de la tierra, de las cuales salen el sol, la luna, las estrellas y toda creación en el cielo al oriente y al occidente;

7 y hay numerosas ventanas abiertas a su derecha y a su izquierda y cada ventana esparce calor en su estación; ellas corresponde a esas puertas por

las que salen las estrellas y se ocultan de acuerdo con su número, según lo ha mandado Él.

8 He visto en los cielos carros que recorren el mundo por encima de esas puertas y en ellos ruedan las estrellas que no se ocultan.

9 Hay uno más grande que todos, que le da la vuelta al mundo entero.

Capítulo 76

1 En los límites de la tierra he visto doce puertas abiertas para todas las regiones; por ellas salen los vientos y desde ellas soplan sobre la tierra.

2 Tres de ellas están abiertas sobre la faz del cielo, tres al occidente, tres a la derecha del cielo y tres a la izquierda.

3 Las tres primeras son las que están al oriente, las tres siguientes al al sur, las tres siguientes al norte y las tres siguientes al occidente.

4 Por cuatro de ellas salen los vientos que son para la curación de la tierra y para su vivificación, y por ocho salen los vientos perjudiciales que cuando son enviados destruyen toda la tierra, las aguas y todo lo que hay en ellas, lo que crece, florece o repta, tanto en las aguas como en la tierra seca y todo lo que vive en ella.

5 Primero sale el viento del oriente por la primera puerta oriental y se inclina hacia el sur. Por allí sale la destrucción, la sequía, el calor y la desolación

6 Por la segunda puerta, la del medio, sale el viento del Este-Este: la lluvia, los frutos, la reanimación y el rocío. Por la tercera puerta sale el viento del nororiente que está cerca del viento del norte: frío y sequía.

7 Detrás de ellos, por las tres puertas que están al sur de los cielos, sale en primer lugar por la primera puerta un viento del sur que está al sur y al oriente un viento de calor.

8 Por la segunda puerta sale un viento del sur al que llaman sur: rocío, lluvia, bienestar, reanimación.

9 Por la tercera puerta sale un viento del suroccidente: rocío, lluvia, langosta y destrucción.

10 Tras este, sale un viento norte que viene de la séptima puerta, hacia el oriente, con rocío, lluvia, langostas y desolación.

11 De la puerta del medio sale directamente un viento con salud, lluvia, rocío y prosperidad. Por la tercera puerta, la que se inclina al occidente, viene un viento con nubes, escarcha, nieve, lluvia, rocío y langostas.

12 Después de estos están los vientos del occidente. Por la primera puerta, que está inclinada hacia el norte, sale un viento con rocío, escarcha, frío, nieve y helada.

13 Por la puerta de en medio sale un viento con rocío, lluvia, prosperidad y bendición. A través de la última puerta, la que se inclina al sur, sale un viento con carestía, ruina, quema y desolación.

14 Se acabaron las doce puertas de los cuatro puntos cardinales del cielo. Te he enseñado su explicación completa ¡Oh, hijo mío, Matusalén!.

Capítulo 77

1 Al oriente lo llaman este porque es el primero; al sur lo llaman mediodía porque allí habita el Grande y en Él reside el Bendito por siempre.

2 Al gran punto cardinal lo llaman poniente porque allí van las estrellas del cielo, por allí se ponen y por allí se ocultan, por eso lo llaman poniente.

3 Al norte lo llaman norte porque en el se esconden, se reúnen y se vuelven todos los astros del cielo y se dirigen hacia el oriente de los cielos. Al oriente lo llaman levante porque desde allí se alzan los cuerpos celestes y desde allí se levantan. Vi tres secciones de la tierra: una para que en ella habiten los hijos de los hombres, otra para todos los mares y los ríos y otra para Los Siete y para el Paraíso de Justicia.

4 Vi siete montañas más altas que todas las montañas que hay sobre la tierra, la nieve las cubre y de ellas vienen los días , las estaciones y los años.

5 Vi siete ríos sobre la tierra, más grandes que todos los ríos, uno de los cuales viene del occidente y sus aguas desembocan en el Gran Mar.

6 Otros dos vienen desde el norte hacia el mar y sus aguas desembocan en el Mar de Eritrea.

7 Los otros cuatro salen del lado del norte cada uno hacia su respectivo mar: dos de ellos hacia el Mar de Eritrea y dos dentro del Gran Mar.

8 Vi siete grandes islas en el mar y el continente, dos hacia el continente y cinco en alta mar.

Capítulo 78

1 Los nombres del sol son los siguientes: el primero es Oranyes y el segundo Tomás;

2 y la luna tiene cuatro nombres: el primero es Asonya, el segundo Ebela, el tercero Benase y el cuarto Era'el.

3 Estas son las dos grandes luminarias, su circunferencia es como la circunferencia del cielo y la talla de sus dos circunferencias es similar.

4 Dentro de la circunferencia del sol hay siete partes de luz que le son añadidas de más con respecto a la luna y con completa mesura le es transferida a ella hasta la séptima parte extraída al sol.

5 Ellas se ponen y entran por las puertas del occidente, hacen su viraje por el norte y vuelven por las puertas del oriente sobre la faz del cielo.

6 Cuando la luna se levanta, la mitad de un séptimo de su luz brilla en los cielos para aparecer sobre la tierra y se completa de día en día, hasta el día catorce cuando toda su luz está completa.

7 Su luz crece por quinceavos y se completa de día en día hasta el día quince, en el cual toda su luz está completa, según el signo de los años. La luna crece y realiza sus fases de a medios séptimos.

8 En su fase menguante la luna disminuye su luz: el primer día un catorceavo; el segundo, un treceavo; el tercero, un doceavo; el cuarto, un onceavo; el quinto, un décimo; el sexto, un noveno; el séptimo, un octavo; el octavo, un sétimo; el noveno, un sexto; el décimo, un quinto; el undécimo, un cuarto; el duodécimo, un tercio; el treceavo, un medio; el catorceavo la mitad de un séptimo; hasta que el quinceavo desaparece todo remanente de luz.

9 En ciertos meses tiene veintinueve días y otras veces veintiocho días.

10 Y Uriel me enseñó otro cálculo, habiéndome mostrado cuando la luz es transferida a la luna y sobre cual lado se la transfiere el sol.

11 Durante toda la fase creciente de la luna, se transfiere su luz frente al sol durante catorce días hasta que se ilumina toda y su luz es completa en el cielo.

12 El primer día es llamada luna nueva, porque desde ese día su luz crece.

13 Llega a ser luna llena exactamente en el momento en que el sol se oculta por el occidente y ella asciende desde el oriente por la noche y la luna brilla durante toda la noche, hasta que el sol nace frente a ella y la luna es observada frente al sol.

14 Por el lado por que la luz de la luna llega, por ahí decrece de nuevo, hasta que toda su luz desaparece, los días del mes se completan y su circunferencia está vacía, sin luz.

15 Por tres meses ella sale de treinta días y en su tiempo ella sale por tres meses de veintinueve días cada uno, en los cuales ella cumple su menguante en el primer período de tiempo y en el primer portal, por cinto setenta y siete días.

16 En el tiempo de su nacimiento ella aparece por tres meses de treinta días cada uno y por tres meses aparece veintinueve días cada uno.

17 En la noche ella aparece por veinte días cada mes.

Capítulo 79

1 Hijo mío: ya te he enseñado todo y la ley de todas las estrellas de los cielos ha concluido.

2 Me ha enseñado todas su leyes para todos los días, para todas las estaciones imperantes, para todos los años y su finalización, para el orden prescrito para todos los meses y todas las semanas, por veinte días cada mes;

3 y el menguante de la luna que comienza a través de la sexta puerta en la cual se completa su luz,

4 que ocurre en el primer portal en su tiempo y se completa a los ciento setenta y siete días o contado en semanas, veinticinco semanas y dos días.

5 Ella se atrasa exactamente cinco días en el curso de un período, con respecto del sol y del orden de las estrellas y al ocurrir esto es corregida. Parece como la imagen de una visión cuando su luz se atrasa.

6 Cuando ella se encuentra en su plenitud, en la noche esta visión parece como un hombre, en la noche aparece como la imagen del sol en el cielo y no hay nada más en ella, salvo su luz. Tal es la visión y la imagen de todas las luminarias, que me mostró Uriel, el gran ángel.

Capítulo 80

1 En esos días Uriel me dirigió la palabra y me dijo: "Mirad que te he revelado todo, Enoc, te he enseñado todo para que pudieras ver este sol, esta luna, las guías de las estrellas de los cielos y todos aquellos que las hacen recorrer y sus tareas, tiempos y salidas.

2 En los días de los pecadores los años serán acortados y su semilla llegará tarde a sus tierras y campos; todas las cosas sobre la tierra se alterarán y no saldrán a su debido tiempo; la lluvia será retenida y los cielos la retendrán.

3 En esa época los frutos de la tierra serán retenidos, no crecerán a tiempo los frutos de los árboles, serán retardados;

4 la luna alterará su orden y no aparecerá a su debido tiempo

5 En esos días el sol será visto en el cielo ardiente extendiendo la esterilidad y viajará por la noche sobre el límite del gran carro del occidente y brillará más que lo que corresponde al orden de su luz.

6 Muchas guías de las estrellas trasgredirán el orden, alterarán sus órbitas y tareas y no aparecerán en el momento prescrito para ellas.

7 Todas las leyes de las estrellas serán ocultadas a los pecadores; los pensamientos de quienes viven sobre la tierra estarán errados al respecto y ellos equivocarán sus caminos y tendrán a las estrellas como dioses. (Sb 13:2; Ro 1:25)

8 El mal se multiplicará sobre ellos y el castigo contra ellos llegará para aniquilarlos a todos.

Capítulo 81

1 Me dijo: "Mira Enoc estas tablillas celestiales, lee lo que está escrito allí y señala cada dato".

2 Miré las tablillas celestiales y leí todo lo que estaba escrito y lo comprendí todo; leí el libro de todas las acciones de la humanidad y de todos los hijos de la carne que están sobre la tierra, hasta las generaciones remotas.

3 En seguida bendije al gran Señor, Rey de Gloria por la eternidad, porque ha hecho todas las criaturas del universo y alabé al Señor por su paciencia y le bendije por los hijos de Adán.

4 Entonces dije: Bienaventurado el hombre que muera en justicia y bondad y contra el cual no se haya escrito un libro de injusticia ni se encuentre uno el día del juicio . (Sal 1:1; Dn 7:10)

5 Esos siete santos me llevaron y me colocaron sobre la tierra frente al portón de mi casa y me dijeron: "Da a conocer todo a Matusalén tu hijo; enseña a todos sus hijos que ningún ser de carne es justo ante el Señor, porque Él es su Creador. (job 9:2; Sal 14:1)

6 "Te dejaremos un año al lado de tu hijo hasta que des tus instrucciones, para que enseñes a tus hijo, escribir para ellos lo que has visto y lo testifiques a todos tus hijos; luego, en el segundo año se te separará de ellos.

7 "Que tu corazón sea fuerte porque los buenos anunciarán la justicia a los buenos, los justos con los justos se alegrarán y se felicitarán el uno al otro.

8 "En cambio el pecador morirá con el pecador y el apóstata se hundirá con el apóstata.

9 "Los que practican la justicia morirán por obra de los hombres y serán llevados a causa de las acciones de los malvados". (2R 22:20; Is 57:1)

10 En esos días terminaron de hablarme y yo regresé con mi gente, bendiciendo al Señor del universo.

Capítulo 82

1 Hijo mío, Matusalén, ahora te estoy contando y escribiendo todas estas cosas; te he manifestado todo y te he dado los libros concernientes a ellas; preserva hijo mío, Matusalén, el libro de la mano de tu padre y entrégalo a las generaciones del mundo.

2 Te he dado sabiduría a ti y a tus hijos para que ellos la entreguen a sus hijos por generaciones, sabiduría que está por encima de sus pensamientos.

3 Aquellos que la comprendan no dormirán, sino que prestarán oído para que puedan aprender esta sabiduría y a quienes la coman, ella le gustará más que un alimento exquisito.

4 Dichosos todos los justos; dichosos todos los que caminan por el camino de la justicia y que no pecan como los pecadores en el cálculo de los días: cuando el sol recorre los cielos, entra y sale por cada puerta durante treinta días, junto con los jefes de millar de la especie de las estrellas, añadiendo los cuatro días que son intercalados para separar las cuatro partes del año, las cuales los guían y entran con ellas cuatro días. (Dn 7:25)

5 Debido a ello los hombres se equivocan y no los cuentan dentro del cómputo completo del año, están en el error y no lo reconocen debidamente,

6 porque ellos están incluidos en el cómputo de los años y están verdaderamente asignados para siempre, uno a la primera puerta, otro a la tercera, otro a la cuarta y otro a la sexta y el año está completo en trescientos sesenta y cuatro días.

7 El cómputo de ellos es correcto y la cuenta registrada de ellos exacta, de las luminarias, meses, fiestas, años y días; me lo ha mostrado y revelado Uriel a quien es Señor de la creación del mundo ha subordinado las huestes de los cielos.

8 Él tiene poder sobre la noche y sobre el día, para hacer brillar la luz sobre los humanos: el sol, la luna , las estrellas y todas las potencias de los cielos que giran sobre sus órbitas.

9 Esta es la ley de las estrellas con relación a sus constelaciones, sus lunas nuevas y sus signos.

10 Estos son los nombres de quienes las guían, de quienes vigilan que entren en su tiempo, en orden en su estación, su mes, en su período, con su potencia y en su posición.

11 Sus cuatro guías, quienes dividen las cuatro partes del año, entran primero, enseguida los doce jefes de la clase que separan los meses y por los

trescientos sesenta días están los jefes de millar, dividiendo los días, y por los cuatro que son intercalados, están quienes como guías dividen las cuatro partes del año.

12 Los jefes de millar están intercalados entre guía y guía, cada unto tras una estación, las que sus guías separan.

13 Estos son los nombres de los guías que separan las cuatro partes del año que han sido fijadas: Melki'el, Helimmel'ek, M'elay'el y Nar'el.

14 Y los nombres de quienes los conducen: Adn'ar'el, Idyasusa'el e 'Ilume'el; estos tres son los que siguen a los jefes de clases de las estrellas y hay otro que viene detrás de los tres jéfes de clases que siguen a los guías de las estaciones que separan las cuatro estaciones del año.

15 Al principio del año se levanta primero Melki'el, quien es llamado Tamaini y "sol", y todos los días de su gobierno, sobre los cuales él domina, son noventa y un días.

16 he aquí los signos de los días que aparecen sobre la tierra durante el tiempo de su dominio: calor, sudor y calma; todos los árboles producen frutos y las hojas crecen sobre ellos; la mies del trigo; la rosa florece, pero los árboles de invierno llega a secarse.

17 Estos son los nombres de los líderes que están sobre ellos: Berkai'el, Zalbesa'el y el otro que se añade, un jefe de millar llamado Hiluyasef, con el cual terminan los días de su dominio.

18 El siguiente guía es Helimmel'ek, llamado "sol brillante" y el total de días de su luz es de noventa y un días.

19 Estos son los signos de sus días, sobre la tierra: ardiente calor y sequedad; maduran los frutos de los árboles, que producen todos sus frutos maduros y a punto; las ovejas se aparean y conciben; se cosechan todos los frutos de la tierra, todo lo que hay en el campo y se prensa el vino; esto ocurre en los días de su dominio.

20 Estos son los nombres de los jefes de millar: Gidaya'el, Ke'el, He'el y se les añade Asfa'el durante el cual su dominio termina.

LIBRO DE LOS SUEÑOS

Capítulo 83

1 Ahora, Matusalén, hijo mío, te manifestaré todas las visiones que he tenido y las recapitularé ante ti.

2 Tuve dos visiones antes de casarme, la una bastante diferente de la otra: la primera cuando aprendía a escribir y la segunda antes de tomar a tu madre. Tuve una visión terrible y al observarla oré al Señor.

3 Yo estaba acostado en la casa de mi abuelo Mahalalel y vi en una visión cómo el cielo colapsaba, se soltaba y caía sobre la tierra.

4 Cuando cayó sobre la tierra, vi la tierra devorada por un gran abismo, montañas suspendidas sobre montañas, colinas abatidas sobre colinas y los grandes árboles separados de sus troncos, arrojados y hundidos en el abismo.

5 Por eso una cayó dentro de mi boca y alcé mi voz para gritar y dije: "¡La tierra está destruida"!.

6 Entonces mi abuelo Mahalalel me despertó, pues yo estaba acostado cerca de él; me dijo: "¿Por qué gritas así hijo mío, por qué profieres semejante lamento?".

7 Le conté toda la visión que había tenido y me dijo: "Así como tú has visto una cosa terrible, hijo mío, ya que es terrible la visión de tu sueño sobre los misterios de todos los pecados de la tierra, así la tierra está a punto de ser devorada por el abismo y aniquilada por una gran destrucción.

8 "Ahora, hijo mío, levántate y ruega al Señor de gloria, ya que tú eres fiel, para que para que permanezca un resto sobre la tierra y que Él no aniquile completamente la tierra.

9 "Hijo mío, desde el cielo vendrá todo eso sobre la tierra y sobre la tierra habrá una gran ruina".

10 Después de que me levanté, oré, imploré y supliqué, y escribí mi oración para las generaciones del mundo; y te mostraré todas estas cosas a ti Matusalén, hijo mío.

11 Cuando bajé, miré al cielo y vi al sol salir por el oriente y a la luna ocultarse por el occidente y a algunas estrellas y a la totalidad de la tierra y todas las cosas que Él ha creado desde el principio; entonces bendije al Señor del juicio y lo ensalcé porque Él hace salir el sol por las ventanas del oriente, de manera que ascienda y brille en la faz del cielo y vaya y se mantenga por el camino que Él le ha señalado.

Capítulo 84

1 Levanté mis manos en justicia y bendije al Santo y al grande y hablé con el aliento de mi boca y con la lengua de carne que Dios ha hecho para los hijos de carne del hombre, para que la utilicen al hablar, y les ha dado un aliento, una lengua y una boca para que hablen con ellas.

2 "Bendito seas, oh Señor, Rey grande y poderoso en tu grandeza, Rey de reyes, Señor de todo el universo. Tu poder, reinado y grandeza permanecen para siempre; tu dominio por todas las generaciones; los cielos son tu trono eterno y la tierra el escabel de tus pies por los siglos de los siglos.

3 "Porque eres tú quien ha creado y quien gobierna todas las cosas, no hay obra que sea difícil para ti; la sabiduría no se aleja de tu trono ni se va de tu presencia; Tú sabes, ves y oyes todas las cosas, nada está oculto para ti, porque todo lo ves.

4 "Ahora los ángeles del cielo son reos de pecado y sobre la carne del hombre recae tu cólera hasta el gran día del juicio.

5 "Ahora oh Dios, Señor y gran Rey, imploro y suplico que aceptes mi oración, que me dejes una descendencia sobre la tierra, que no aniquiles toda carne humana, que no vacíes la tierra y que la destrucción no sea eterna.

6 "Ahora pues, oh Señor, extermina de la tierra la carne que ha despertado tu cólera, pero la carne de justicia y rectitud, establécela como una planta de semilla eterna y no ocultes tu rostro de la oración de tu siervo, ¡Oh Señor!.

Capítulo 85

1 Después de eso vi otro sueño y todo ese sueño te lo voy a mostrar, hijo mío.

2 Enoc levantó la voz y habló a su hijo Matusalén: "A ti quiero hablarte, hijo mío, escucha mis palabras y pon atención a la visión del sueño de tu padre.

3 Antes de tomar a tu madre Edna, vi una visión sobre mi cama y he ahí que un toro salía de la tierra y ese toro era blanco. Tras el toro salió una novilla y con ella dos terneros, uno de los cuales era negro y el otro rojo.

4 Entonces el ternero negro golpeó al rojo y le persiguió sobre la tierra y a partir de allí no pude ver ese ternero rojo.

5 Luego el ternero negro creció y esa novilla se fue con él y vi salir de él numerosos bueyes que se le semejaban y le seguían.

6 Y esa primera novilla se alejó del primer toro para buscar al ternero rojo, pero no lo encontró y profirió por él un gran lamento y lo buscó.

7 Vi que vino el primer toro y la hizo callar y no volvió a gritar.

8 Ella parió en seguida otro toro blanco y después de éste, parió numerosos toros y vacas negros.

9 Vi en mi sueño crecer a este toro blanco hasta llegar a ser un gran toro blanco, del cual salieron numerosos toros blancos semejantes a él.

10 Y ellos comenzaron a engendrar numerosos toros blancos que se les parecían y se seguían el uno al otro.

Capítulo 86

1 De nuevo estuve fijando mis ojos en el sueño y vi el cielo por encima y he aquí que una estrella cayó del cielo en medio de los toros grandes y comió y pastoreó en medio de ellos.

2 Entonces vi estos toros grandes y negros, todos ellos intercambiaban sus pastos, establos y becerros y comenzaron a vivir unos con otros.

3 Observé de nuevo en mi sueño y miré hacia el cielo y he aquí que muchas estrellas descendían y caían del cielo en medio de la primera estrella y eran transformadas en toros en medio de aquellos becerros y pastaban con ellos y entre ellos.

4 Los miré y vi como todos sacaron su miembro sexual como caballos y montaron las vacas de los toros y todas quedaron preñadas y parieron elefantes, camellos y asnos.

5 Todos los toros les tenían miedo, se aterrorizaron con ellos y comenzaron a morder con sus dientes a devorar ya cornear.

6 Y además comenzaron a devorar a esos toros y he aquí que todos los hijos de la tierra se empezaron a temblar y a espantarse ante ellos y a huir.

Capítulo 87

1 Nuevamente vi como comenzaban a golpearse el uno al otro y a devorarse el uno al otro y la tierra se puso a gritar.

2 Después elevé de nuevo mis ojos al cielo y tuve una visión; hela aquí: salieron del cielo seres parecidos a hombres blancos, salieron cuatro de ese lugar y tres con ellos.

3 Así, esos tres que salieron de últimos me tomaron de la mano y me llevaron por sobre la generación terrestre hasta un lugar elevado y me mostraron una torre alta construida sobre la tierra y todas las colinas eran más bajas.

4 Me dijeron: "Permanece aquí hasta que hayas visto todo lo que le sucederá a estos elefantes, camellos y asnos y a las estrellas, las vacas y a todos ellos".

Capítulo 88

1 Vi a uno de los cuatro que había salido primero, agarrar a la primera estrella que había caído del cielo, atarla de pies y manos y arrojarla en el abismo profundo, angosto, escarpado y oscuro.

2 Después uno de ellos sacó la espada y se la dio a los elefantes, camellos y asnos y ellos comenzaron a herirse el uno al otro y toda la tierra tembló a causa de esto.

3 Seguía observando mi sueño, cuando he aquí que a uno de los cuatro que habían salido, le llegó una orden del cielo y él tomó a todas las numerosas estrellas cuyos miembros sexuales eran como los de los caballos y él las ató a todas de pies y manos y las arrojó en un abismo de la tierra.

Capítulo 89

1 Uno de los cuatro fue hasta donde uno de los toros blancos y le enseñó y él construyó para sí un barco y habitó en su interior. Los tres toros entraron con él en el barco que fue cubierto y techado por encima de ellos.

2 Yo estaba mirando y vi siete chorros echando mucha agua sobre la tierra.

3 He aquí que se abrieron los depósitos de agua del interior de la tierra y comenzaron a brotar y a subir las aguas sobre ella. Seguí mirando hasta que la tierra fue cubierta por las aguas, (Gn 7:11)

4 por la oscuridad y por la niebla que se cernía sobre ella.

5 Los toros fueron sumergidos, alejados y aniquilados en aquellas aguas.

6 El barco flotó sobre las aguas, pero todos los toros, asnos salvajes, camellos y elefantes se hundieron en las aguas.

7 De nuevo vi en mi sueño como los chorros de agua desaparecieron del alto techo, las grieta de la tierra fueron niveladas pero otros abismos se abrieron;

8 y el agua empezó a descender por ellos, hasta que la tierra quedó al descubierto, la barca reposó sobre la tierra, la oscuridad se retiró y apareció la luz. (Gn 8:13)

9 Entonces el toro blanco que se había convertido en hombre salió de esta barca y con él los tres toros, uno de los cuales era blanco y se parecía a ese toro, otro era rojo como sangre y el otro negro.

10 Empezaron a engendrar bestias salvajes y aves. Hubo una multitud de toda especie: leones, leopardos, perros, lobos, hienas, cerdos salvajes, zorros, ardillas, jabalís, halcones, buitres, gavilanes, águilas y cuervos. En medio de ellos nació otro toro blanco. (Gn 10-11)

11 Comenzaron a morderse unos a otros. El toro blanco que había nacido en medio de ellos, engendró un asno salvaje y también un becerro blanco. El asno salvaje se multiplicó. (Gn 21:12-13)

12 El becerro blanco, que había sido engendrado por el toro blanco, engendró un jabalí negro y un carnero blanco. El jabalí engendró muchos jabalís y el carnero engendró doce ovejas. (Gn 25:25-26; Gn 35:22-26)

13 Cuando estas doce oveja hubieron crecido le dieron una oveja de entre ellas a los asnos salvajes, pero esos asnos a su vez entregaron esa oveja a lobos y la oveja creció entre los lobos. (Gn 27:12-36)

14 El carnero guió a todas las once ovejas a habitar y pacer con él entre los lobos y ellas se multiplicaron y se transformaron en un rebaños de numerosas ovejas. (Gn 46:1-7)

15 Los lobos empezaron a oprimir al rebaño hasta hacer perecer a sus pequeños y a arrojar a sus pequeños en una corriente de agua. Entonces las ovejas comenzaron a gritar por sus pequeños y a lamentarse ante su Señor. (Gn 47:27; Ex:1:7-22)

16 Una oveja que había escapado de los lobos huyó y fue hasta donde los asnos salvajes. Yo miré mientras el rebaño se quejaba y gritaba

terriblemente hasta que descendió el Señor del rebaño a la voz de las ovejas, desde su alto santuario vino a su lado y las hizo pacer. (Ex 2:15,22,23)

17 Llamó a la oveja que había escapado de los lobos y le hablo sobre los lobos, para que los intimara a no tocar más a las ovejas.(Ex 3)

18 Y esta oveja fue a donde los lobos por orden del Señor y otra oveja se encuentro con ella y fue con ella. Fueron y las dos entraron juntas en la asamblea de los lobos, por orden del Señor, les hablaron y les intimaron para que no tocaran más a las ovejas. (Ex 5:1-5)

19 Desde entonces observé que los lobos oprimieron con más dureza y con todas sus fuerzas a las ovejas y las ovejas gritaron fuerte. (Ex 5.6-9)

20 Y su Señor fue al lado de las ovejas y se puso a golpear a esos lobos y los lobos comenzaron a lamentarse, en cambio las ovejas llegaron a tranquilizase y desde ahí cesaron de gritar. (Ex 7-11, 12:29-31)

21 Vi las ovejas cuando partían de entre los lobos y los ojos de los lobos fueron oscurecidos y esos lobos salieron persiguiendo a las ovejas con todas sus fuerzas. (Ex 12:37, 14:5-7)

22 Pero el Señor de las ovejas fue con ellas conduciéndolas, todas sus ovejas le seguían y su rostro era resplandeciente, glorioso y terrible a la vista. (Ex 13:21,22, 14:8)

23 Los lobos comenzaron a perseguir a esas ovejas, hasta que se las alcanzaron cerca de un estanque de agua. (Ex 14:9)

24 Pero este estanque de agua se dividió y el agua se levantó de un lado y del otro ante su cara y el Señor los condujo y se colocó Él mismo entre ellos y los lobos. (Ex 14:21,22)

25 Como esos lobos no veían más a las ovejas, ellas anduvieron en medio de este estanque y los lobos persiguieron a las ovejas y corrieron tras ellas, esos lobos en este estanque de agua. (Ex 14:23)

26 Y cuando ellos vieron al Señor de las ovejas se regresaron para huir de su presencia, pero este estanque de agua se cerró y volvió repentinamente a su posición natural y se llenó de agua. (Ex 14:24-27)

27 Continué mirando hasta que todos los lobos que iban persiguiendo a este rebaño, perecieron sumergidos y ahogados y las aguas los cubrieron. (Ex 14:28)

28 El rebaño se apartó de estas aguas y fueron a un lugar desolado en el que no hay agua ni hierba y sus ojos se abrieron y vieron. Miré hasta que el Señor del rebaño los apacentó , les dio agua y hierba y la oveja fue y los guió. (Ex 15:22-27, 17:6)

29 La oveja subió a la cima de una roca elevada y el Señor del rebaño la envió en medio del rebaño y todos ellas se mantenían a distancia. (Ex 19:3)

30 Entonces miré y he aquí que el Señor del rebaño se alzó frente al rebaño y su apariencia era potente, grandiosa y terrible y todo el rebaño lo vio y tuvo miedo de Él. (Ex 19:16)

31 Todas estaban asustadas y temblando ante Él y le gritaron al cordero que era su segundo y que estaba en medio de ellas: "Nosotras no podemos estar delante del Señor".

32 Entonces se volvió el cordero que las guiaba y subió por segunda vez a la cima de aquella roca. Pero el rebaño comenzó a cegarse y a apartarse del camino que les había señalado, sin que el cordero supiera tales cosas. (Ex 32:1-6)

33 El Señor del rebaño se enfureció mucho contra el rebaño, el cordero lo supo y descendió de la cima de aquella roca y vino al rebaño y encontró a la mayoría cegadas y extraviadas. (Ex 32:7-10,19)

34 Cuando lo vieron comenzaron a atemorizarse delante de Él, queriendo volver a sus rediles.

35 El cordero tomó con él a otras ovejas y vino al rebaño, degollaron a todas las extraviadas y comenzaron a temblar ante Él. Entonces ese cordero hizo regresar a sus rediles a todo el rebaño extraviado. (Ex 32:27-28)

36 Continué viendo este sueño hasta que este cordero se transformó en hombre, construyó un campamento para el Señor del rebaño y llevó a todo el rebaño a este campamento. (Ex 33:7-11, 40)

37 Seguí mirando hasta que se durmió esa oveja que se había unido al cordero que dirigía a las ovejas. Observé hasta que todas las ovejas mayores hubieron perecido y se levantaron en su lugar unas menores y ellas entraron en un pastizal y se acercaron a un río.

38 Después la oveja que los guiaba y que se había convertido en hombre, fue separada de ellas, se durmió y todas las ovejas la buscaron y lloraron por ella con grandes lamentos. (34:5,7)

39 Vi hasta que terminaron de llorar por esta oveja. después atravesaron este río y vinieron otras ovejas que las guiaron en lugar de las que se durmieron después de haberlas guiado. (Dt 34:8; Jos:17)

40 Vi las ovejas hasta que entraron en una región hermosa, en una tierra agradable y espléndida. Vi esas ovejas hasta que fueron saciadas y ese campamento estaba entre ellas en esa tierra agradable.

41 Tan pronto como abrían los ojos se cegaban, hasta que se levantó otra oveja y las guió y las condujo a todas y se abrieron sus ojos. (1S 3:1-14)

42 Los perros, los zorros y los jabalís salvajes se pusieron a devorar estas ovejas hasta que el Señor de las ovejas levantó un carnero de en medio de ellas para guiarlas. (1S 4:1-11, 10:17-25)

43 Ese carnero comenzó a embestir de un lado y de otro a esos perros, zorros y jabalís, hasta que hizo perecer a todos ellos. (1S 11:1-11)

44 Esa oveja cuyos ojos fueron abiertos, vio que al carnero que estaba entre las ovejas lo abandonaba su gloria y comenzaba a embestir a las ovejas, a pisotearlas y a comportarse en forma indebida. (1S 13:13-14)

45 Entonces el Señor de las ovejas envió al cordero a otro cordero y lo ascendió para que fuera un carnero y dirigiera a las ovejas en vez del carnero al que había abandonado su gloria. (1S 16)

46 Fue a su lado y le habló en secreto y lo ascendió a carnero, lo hizo juez y pastor de las ovejas, pero durante todos estos acontecimientos, los perros oprimían a las ovejas.

47 El primer carnero persiguió al segundo y este segundo salió y huyó de su presencia, pero vi hasta que los perros abatieron a aquel primer carnero.(1S 19:9-12; 22-24)

48 Después ese segundo carnero se levantó y condujo a las ovejas y engendró numerosas ovejas y luego se durmió. Una pequeña oveja se convirtió en carnero y fue el juez y el líder en su lugar. (2S 2:4; 1R 1:38-39)

49 Esas ovejas crecieron y se multiplicaron y todos esos perros, zorros y jabalís tuvieron miedo y huyeron lejos. Este carnero embistió y mató a todas las bestias salvajes y esas bestias no tuvieron más poder entre las ovejas ni les guiaron más.

50 Esa casa llegó a ser grande y amplia y fue edificada por esas ovejas. Una torre elevada y grande fue construida sobre la casa, para el Señor de las ovejas. El campamento era bajo, pero la torre muy alta y el Señor de las ovejas se mantenía sobre ella y ofrecieron ante Él una mesa llena. (1R 6-8)

51 Después vi a esas ovejas errar de nuevo e ir por una multitud de caminos y abandonar su casa. El Señor de las ovejas llamó de entre ellas a algunas ovejas y las envió al lado de las ovejas, pero las ovejas comenzaron a asesinarlas.

52 Pero, una de ellas fue salvada y no fue muerta, salió y gritó a causa de las ovejas y ellas quisieron matarla, pero el Señor de las ovejas la salvó de entre las manos de las ovejas, la hizo subir y habitar cerca de mí. (2R 2:5)

53 Él envió sin embargo muchas otras ovejas a esas ovejas para testificarles y para lamentarse sobre ellas.

54 Después las vi abandonar la casa del Señor y su torre; erraban en todo y sus ojos estaban cerrado. Vi al Señor de las ovejas hacer una gran carnicería con ellas, hasta que esas ovejas provocaron la carnicería y traicionaron su puesto.

55 Él las abandonó en las manos de los leones y los tigres, de los lobos y las hienas, de los zorros y de todas las bestias salvajes, que comenzaron a despedazar a esta ovejas.

56 las vi abandonar su casa y su torre y entregarlas a los leones para que las destrozaran y devoraran. (Jr 39:8; 2R 25:8-12; 2Cr 36:17-20; Mt 24:1-2)

57 Me puse a gritar con todas mis fuerzas y a llamar al señor de las ovejas y le hice ver que las ovejas eran devoradas por todas las bestias salvajes.

58 Pero Él permaneció inmutable y cuando las vio se alegró al ver que era devoradas, tragadas y robadas y las abandono para que fueran pasto de las bestias.

59 Él llamó a setenta pastores y les entregó a esas ovejas para que las llevaran a pastar y le dijo a los pastores y a sus acompañantes: "Que cada uno de vosotros lleve de ahora en adelante a las ovejas a pacer y todo lo que os ordene, hacedlo.

60 "Os las entregaré debidamente contadas y os diré cuáles deben ser destruidas y esas, hacedlas perecer". Y lees entregó aquellas ovejas.

61 Después el llamó a Otro y le dijo: "Observa y registra todo lo que los pastores hacen a estas ovejas, ya que ellos destruyen más delas que yo les he mandado;

62 todo exceso y destrucción que sea ejecutado por los pastores regístralo: cuántos destruyen de acuerdo con mi orden y cuántos de acuerdo con su propio capricho. Pon en la cuenta de cada pastor la destrucción que efectúe.

63 "Lee luego el resultado ante mí: cuántas destruyeron y cuántas les entregué para su destrucción. Que esto pueda ser un testimonio contra ellos para saber toda acción de los pastores, que yo los evalúe y vean lo que hacen y si se atienen o no a lo que les he ordenado.

64 "Pero, ellos no deben enterarse, no debes contarlo a ellos ni debes advertirles, sino solamente anotar cada destrucción que los pastores ejecuten, una por una y al momento, y exponer todo eso ante mí.

65 Vi cuando esos pastores pastorearon en su tiempo y comenzaron a matar y destruir a más ovejas de las que fueron ofrecidas y ellos entregaron a esas ovejas en manos de los leones.

66 los leones y los tigres devoraron a gran parte de esas ovejas y los jabalís comieron junto con ellos. Ellos quemaron esa torre y demolieron esa casa.

67 Me entristecí muchísimo por esa torre porque la casa de las ovejas fue demolida y ya no pude ver si esas ovejas entraban en esa casa.

68 Los pastores y sus cómplices entregaron a esas ovejas a todas las bestias salvajes, para que las devoraran pero cada uno de ellos había recibido un número determinado y fue anotado para cada uno de ellos, por el Otro, en un libro, cuántas de ellas habían destruido.

69 Cada uno mataba y destruía más de las que fueron prescritas y yo comencé a llorar y a lamentarme por causa de esas ovejas.

70 Entonces en la visión observé al que escribía como anotaba cada una que era destruida por esos pastores día por día y él llevó y expuso todo su libro y mostró al señor de las ovejas todo lo que realmente habían hecho ellos y todo lo que cada uno había hecho y todas las que ellos habían entregado a la destrucción.

71 Y el libro fu leído ante el Señor de las ovejas y Él tomó el libro en su mano, lo leyó, lo selló y lo archivó

72 Tras eso, vi que los pastores las llevaban a pastar durante doce horas y he aquí que tres de esas ovejas regresaron; arribaron, entraron y empezaron edificar todo lo que se había derrumbado de esa casa, pero los jabalís se lo impidieron y ellas no fueron capaces. (Ne 3:33)

73 Después, ellas comenzaron de nuevo a construir, como antes elevaron la torre, que fue llamada torre alta, y comenzaron de nuevo a colocar una mesa ante la torre, pero todo el pan que había estaba contaminado e impuro.

74 Acerca de todo esto los ojos de esas ovejas estaban cegados y no veían y sus pastores tampoco y él las entregó para una mayor destrucción a sus pastores que pisotearon las oveja con sus pies y las devoraron.

75 El Señor de las ovejas se mantuvo indiferente hasta que todas las ovejas fueron dispersadas por el campo y se mezclaron con ellas, y ellos no las salvaron de las manos de las bestias.

76 El que había escrito el libro lo trajo, lo mostró y lo leyó ante el Señor de las ovejas; le imploró y suplicó por cuenta de ellas y le mostró todos los actos de los pastores y dio testimonio ante Él contra los pastores. (Ez 34:4; Za 11:4)

77 Tomó el libro vigente, lo depositó al lado de Él y se fue.

Capítulo 90

1 Observé en esta forma hasta que treinta y cinco pastores emprendieron el pastoreo y ellos cumplieron estrictamente sus turnos: desde el primero, cada uno las fue recibiendo en sus manos, a fin de apacentarlas cada pastor en su turno respectivo.

2 Después de esto, en una visión vi venir a todas las aves rapaces del cielo: águilas, buitres, gavilanes y cuervos; las águilas guiaban a todas esas aves y se pusieron a devorar a estas ovejas, a picarles los ojos y a devorar sus carnes.

3 Las ovejas gritaron porque su carne estaba siendo devorada por las aves. Yo miraba y me lamentaba en mi sueño por el pastor que apacentaba las ovejas.

4 Observé hasta que esas ovejas fueron devoradas por las águilas, los gavilanes y los buitres, que no les dejaron ninguna carne ni piel ni tendones sobre ellas y no les quedaron más que sus huesos hasta que los huesos también cayeron al suelo y las ovejas llegaron a ser muy pocas.

5 Vi cuando veintitrés pastores habían apacentado y habían cumplido estrictamente sus turnos cincuenta y ocho veces.

6 He aquí que unos corderos nacieron de esas ovejas blancas y llegaron a abrir sus ojos y ver y le balaron a las ovejas

7 y les gritaron, pero no les escucharon lo que decían porque estaban extremadamente sordas y demasiado ciegas y cada vez peor.

8 Vi en la visión como los cuervos volaban sobre estos coderos y agarraban a uno de ellos y despresaban a las ovejas y las devoraban.

9 Observé hasta que retoñaron los cuernos de estos corderos y los cuervos se los hacían caer y vi hasta que allí un gran cuerno retoño en una de estas ovejas y sus ojos se abrieron.

10 Ella los miró y le gritó a las ovejas y los carneros la vieron y acudieron todos a su lado.

11 A pesar de esto, todas las águilas, buitres, cuervos y gavilanes seguían arrebatando a las ovejas, se echaban sobre ellas y las devoraban. Aun las ovejas permanecían en silencio pero los carneros gritaban y se lamentaban.

12 Luego estos cuervos lucharon y batallaron con ella y quisieron tumbar su cuerno, pero no pudieron hacerlo.

13 Vi hasta que los pastores, las águilas, los buitres y los gavilanes vinieron y le gritaron a los cuervos que rompieran el cuerno de esa ese carnero y lucharon y batallaron contra él y el combatió contra ellos y gritó para que acudieran en su ayuda.

14 Todas las águilas, buitres, cuervos y gavilanes se congregaron y llevaron con ellos a todas las ovejas del campo, se unieron y se conjuraron para hacer pedazos este cuerno del carnero.

15 Vi al hombre que había escrito el libro por orden del Señor, abrir el libro acerca de la destrucción que habían ejecutado los doce últimos pastores, revelar ante el Señor que ellos habían destruido mucho más que sus predecesores.

16 Vi a ese hombre que había anotado los nombres de los pastores y lo había llevado y presentado ante el Señor de las ovejas que llegó en ayuda de aquel carnero, lo socorrió, lo rescató y le mostró todo.

17 Y vi venir a su lado al Señor de las ovejas, enfurecido; todos los que lo vieron huyeron y ensombrecieron ante su presencia.

18 Observé el momento en que una gran espada fue entregada a las ovejas y ellas procedieron contra todas las fieras del campo para matarlas y todas las bestias y las aves huyeron de su presencia.

19 Y vi cuando el Señor de las ovejas fue junto a ellas, tomó en sus manos la vara de su cólera, golpeó la tierra y la tierra se resquebrajó y todas las bestias y las aves del cielo cayeron lejos de estas ovejas y fueron engullidas por la tierra que se cerró sobre ellas.

20 Vi cuando un trono fue erigido sobre la tierra agradable, el Señor de las ovejas se sentó sobre él y el Otro tomó los libros sellados y los abrió ante el Señor de las ovejas.

21 El Señor llamó a esos hombres blancos, los siete primeros y mandó que ellos llevaran ante Él, comenzando por la primera estrella que las guiaba, a todas las estrellas cuyo miembro sexual era como el de los caballos. y ellos las llevaron a todas ante Él.

22 Luego, Él habló al hombre que escribía ante Él, uno de los siete hombres blancos, y le dijo: "Toma esos setenta pastores a quienes había encomendado las ovejas y que después de haberlas recibido degollaron a muchas más de las que se les había mandado".

23 He aquí que los vi a todos encadenados y todos se postraron ante Él.

24 El juicio recayó en primer lugar sobre las estrellas y ellas fueron juzgadas, encontradas culpables y enviadas al lugar de condenación, fueron arrojadas a un abismo llenos de fuego, llamas y columnas de fuego. (Os 4:1-8)

25 Entonces los setenta pastores fueron juzgados, encontrados culpables y arrojados al abismo ardiente.

26 Vi en ese momento como un precipicio que se estaba abriendo en medio de la tierra. Llevaron a aquellas ovejas ciegas hasta allí y todas fueron juzgadas y encontradas culpables y arrojadas al abismo en semejante abismo

de fuego y ellas ardieron en ese precipicio que estaba a la derecha de esa casa.

27 Vi arder a esas ovejas y sus huesos también ardían.

28 Me levanté para ver como Él desarmó esa vieja casa, se llevó todas sus columnas, vigas y adornos de la casa que fueron retirados al mismo tiempo, y se los llevaron y los pusieron en un lugar al sur de la tierra.

29 Vi cuando el Señor de las ovejas trajo una nueva casa, más grande y alta que la primera y Él la puso en el sitio de la primera que había sido desarmada. Y todas sus columnas eran nuevas y sus adornos eran nuevos y mayores que los de la primera, la casa vieja que se había llevado. Todas las ovejas estaban adentro. (Es 6:14-15; Ez 40:2; Ap 21:10-11)

30 Vi a todas las ovejas que quedaban, a las bestias de la tierra y a las aves del cielo inclinarse para rendir homenaje a estas ovejas, suplicarles y obedecerles en todas las cosas. (Ap 7:13-15, 22:3)

31 Luego esos tres que estaban vestidos de blanco, aquellos que me habían elevado antes, me tomaron de la mano y también el carnero me tomo la mano y me hicieron subir y sentar en medio de estas ovejas, antes de que tuviera lugar el juicio.

32 Estas ovejas eran todas blancas y su lana abundante y pura. (Ap 7:9)

33 Y todas las que habían sido destruidas o dispersadas por las bestias del campo y las aves del cielo, se congregaron en esta casa y el Señor de las ovejas se regocijó con gran alegría porque todas eran buenas y porque ellas habían regresado a su casa.

34 Vi cuando ellas depusieron esa espada que había sido dada a las ovejas: ellas la llevaron a la casa y la sellaron en presencia del Señor. Y todas las ovejas fueron invitadas a esta casa aunque no cabían. (Is 2:4; Os 2:20; Jl 4:10; Mi 4:3; Za 9:10-11)

35 Sus ojos fueron abiertos y ellas vieron bien y no hubo ninguna de ellas que no viera.

36 Vi que esta casa era grande, amplia y estaba completamente llena.

37 Vi que un toro blanco nació y sus cuernos eran grandes y todas las bestias del campo y todas las aves del cielo le temían y le suplicaban a toda hora.

38 Vi cuando fueron cambiadas todas sus especies y todos se convirtieron en toros blancos y el primero entre ellos se transformó en un cordero que llegó a ser un gran búfalo que tenía sobre su cabeza dos cuernos negros y el Señor de las ovejas se regocijó sobre él y sobre todos los toros. (Ap 4-5)

39 Yo estaba dormido en medio de ellos y me desperté después de haberlo visto todo.

40 Tal es la visión que tuve cuando estaba durmiendo y cuando me desperté bendije al Señor de Justicia y lo glorifiqué.

41 Entonces lloré mucho y sin contener mis abundantes lágrimas hasta más no poder y cuando yo miraba se deslizaban sobre lo que veía porque todo ocurrirá y se cumplirá, porque uno tras otro me fueron revelados todos los actos de los hombres .

42 Esa noche recordé mi primer sueño y lloré y me angustié porque había tenido esa visión.

Apocalipsis de las Semanas (Carta de Enoc)

Capítulo 91

1 Ahora, hijo mío, Matusalén, convoca en torno a mi a todos tus hermanos, reúne a mi alrededor a todos los hijos de tu madre, porque la palabra me llama y el espíritu se ha vertido sobre mí, para que os revele todo lo que pasará, hasta la eternidad.

2 Así Matusalén fue y se juntó con todos sus hermanos y congregó a sus parientes;

3 y Enoc le habló a todos los hijos de justicia y les dijo: "Oíd hijos de Enoc todas las palabras de vuestro padre y atended la palabra de mi boca, pues es a vosotros a quienes exhorto y digo bienamados, amad la justicia y caminad con ella.

4 "No os acerquéis a la justicia con un corazón doble ni os asociéis con los de doble corazón; caminad con rectitud hijos míos, os guiará por buenos caminos y la justicia os acompañará.

5 "Sé que la violencia se incrementa sobre la tierra y un gran castigo va a ejecutarse sobre ella y toda injusticia será exterminada, cortada de raíz y sus estructuras serán completamente demolidas.

6 "La injusticia va a a ser consumada de nuevo sobre la tierra y todas las acciones de injusticia, opresión y trasgresión se duplicarán y prevalecerán. (Mt 24:12; 2Ts 2:3)

7 "Pero cuando toda clase de obras de pecado, injusticia, blasfemia y violencia se hayan incrementado y la apostasía, la desobediencia y la impureza aumenten, un gran castigo del cielo vendrá sobre la tierra y el Señor santo vendrá con ira y castigo sobre la tierra para ejecutar el juicio. (Mt 24:29-44)

8 "En esa época la violencia serán cortada de raíz y de la injusticia y del engaño serán destruidas bajo el cielo. (4Es 18:53)

9 "Todos los ídolos de las naciones y sus templos serán abandonados, quemados con fuego y desterrados de toda la tierra.

10 Los justos se levantarán de sus sueños, la sabiduría surgirá y les será dada y la tierra descansará por todas las generaciones futuras. (Ap 20:4)

18 Y ahora voy hablaros hijos míos para mostraros todos los caminos de justicia y todos los caminos de violencia y de nuevo os los mostraré para que sepáis lo que va a ocurrir.

19 Ahora pues, hijos míos, escuchadme y escoged los caminos de justicia y rechazad los de la violencia, porque marchan hacia la destrucción completa todos los que van por el camino de la injusticia.

Capítulo 92

1 Lo que escribió Enoc y entregó a Matusalén su hijo, y a todos los que habitan la tierra firme para que obren el bien y la paz:

2 "No os angustiéis en vuestro espíritu a causa de los tiempos, porque el Gran Santo ha dado un tiempo para todo. (2Ts 2:2)

3 "Los justos se levantarán de su sueño y avanzarán por senderos de justicia y todos sus caminos y palabras serán de rectitud y gracia.

4 "Él otorgará la gracia a los justos y les dará su eterna justicia y su poder; Él permanecerá en bondad y justicia y marchará con luz eterna.

5 "En cambio, el pecado se perderá en las tinieblas para siempre y no aparecerá más desde ese día hasta la eternidad".

Capítulo 93

1 Enoc reanudó su discurso diciendo:

2 "A propósito de los hijos de la Justicia y acerca del Elegido del mundo, que ha crecido de una planta de verdad y de justicia, os hablaré y os daré a

conocer yo mismo (Enoc), hijos míos, según he entendido y se me ha revelado todo por una visión celestial y por la voz de los Vigilantes y los Santos. En las tablas celestiales he leído y entendido todo".

3 Continuó hablando Enoc y dijo: "Yo, Enoc, nací el séptimo, en la primera semana, en la época en que la justicia aún era firme. (Gn 5:18)

4 "Después de mí, vendrá la semana segunda en la que crecerán la mentira y la violencia y durante ella tendrá lugar el primer Final, y entonces, un hombre será salvado. Y cuando esta semana haya acabado, la injusticia crecerá, y Dios hará una ley para los pecadores. (Gn 6-7; Jubileos 11:1-13; Ro 3:20, 7:7.13)

5 "Después, hacia el final de la tercera semana, un hombre será elegido como planta de juicio justo, tras de lo cual crecerá como planta de justicia para la eternidad. (Gn 12:1-3)

6 "Luego, al terminar la cuarta semana, las visiones de los santos y de los justos aparecerán y será preparada una ley para generaciones de generaciones y un cercado. (Dt 5:22)

7 "Después, al final de la quinta semana, una casa de gloria y poder será edificada para la eternidad. (1R 7:11, 23:5; Sal 89:29-38)

8 "Luego, en la sexta semana, los que vivirán durante ella serán enceguecidos y su corazón, infielmente, se alejará de la sabiduría. Entonces un hombre subirá al cielo y al final de esta semana, la casa de dominación será consumida por el fuego y será dispersado todo el linaje de la raíz escogida. (2R 2:5, 25:8-12)

9 "Luego, en la séptima semana surgirá una generación perversa; numerosas serán sus obras, pero todas estarán en el error.

10 " Y al final de esta semana serán escogidos los elegidos como testigos de la verdad de la planta de justicia eterna. Les será dada sabiduría y conocimiento por septuplicado.

11 [91] "Ellos para ejecutar el juicio, arrancarán de raíz las causas de la violencia y en ellas la obra de la falsedad.(Ap 19:11-21)

12 [91] "Después de esto vendrá la octava semana, la de la justicia, en la cual se entregará una espada a todos los justos para que juzguen justamente a los opresores, que serán entregados en sus manos.

13 [91] "Y al final de esta semana los justos adquirirán honestamente riquezas y será construido el templo de la realeza de El Grande, en su esplendor eterno, para todas las generaciones.

14 [91] "Tras esto, en la novena semana se revelarán la justicia y el juicio justo a la totalidad de los hijos de la tierra entera y todos los opresores desaparecerán totalmente de la tierra y serán arrojados al pozo eterno y todos los hombre verán el camino justo y eterno.(Mt 24.14; Mc 13:10)

15 [91] "Después de esto, en la décima semana, en su séptima parte, tendrá lugar el Juicio Eterno. Será el tiempo del Gran Juicio y Él ejecutará la venganza en medio de los santos. (Dn 7:10; Mt25:31-46; Ap 20:11-15)

16 [91] "Entonces el primer cielo pasará y aparecerá un nuevo cielo y todos los poderes de los cielos se levantarán brillando eternamente siete veces más. (Is 65:17; 2P3:13; Ap 21:1)

17 [91] "Y luego de esta, habrá muchas semanas, cuyo número nunca tendrá fin, en las cuales se obrarán el bien y la justicia. El pecado ya no será mencionado jamás."

11 ¿Quién entre todos los humanos puede escuchar las palabras del Santo sin turbarse, comprender su mandamiento del Señor, o puede imaginar sus pensamientos?

12 ¿O quién entre todos los humanos puede contemplar todas las obras de los cielos o las columnas angulares sobre las que descansan? ¿Y quién ve un alma o un espíritu y puede volver para contarlo? ¿O subir y ver todos sus confines y pensar u obrar como ellos?

13 ¿O quién entre los hijos de los hombres puede conocer y medir cuál es la longitud y la anchura de toda la tierra? ¿O a quién se le han mostrado todas sus dimensiones y su forma? (Ef 3:18)

14 ¿Quién entre todos los humanos puede conocer cuál es la longitud de los cielos y cuál es su altura o cómo se sostienen o cuan grande es el número de las estrellas?

Capítulo 94

1 Ahora os digo hijos míos: "Amad la justicia y caminad en ella, porque los caminos de la justicia son dignos de ser aceptados, pero los caminos de la iniquidad serán destruidos y desaparecerán.

2 "A los hijos de los hombres de cierta generación les serán mostrados los caminos de la violencia y de la muerte y se mantendrán lejos de ellos y no los seguirán".

3 Ahora os digo a vosotros justos: "No andéis por los caminos de la maldad ni por los caminos de la muerte porque seréis destruidos.

4 "En cambio buscad y escoged para vosotros la justicia y elegid la vida; caminad por los senderos de paz y viviréis y prosperaréis. (Dt 29:19; Sal 85:11-14)

5 "Mantened mis palabras en vuestras reflexiones y no las hagáis padecer el ser borradas de vuestros corazones, pues sé que los pecadores tentarán a la gente para que pida con mala intención la sabiduría y tanto que no se le encontrará en ningún lugar, y ninguna prueba puede evitarse. (St 4:3)

6 "¡Desgracia para quienes edifican la injusticia y la opresión y las cimientan en el engaño, porque serán repentinamente derribados y no habrá paz para ellos! (Is 5.8; Am 8:5; Ha 2:9)

7a "¡Desgracia para los que edifican sus casas con el pecado porque todos sus cimientos serán arrancados y por la espada caerán! (Jr 22:13; Ha 2:11)

8 "Desgracia para vosotros ricos porque habéis confiado en vuestras riquezas, de vuestras riquezas seréis despojados a causa de que vosotros no os habéis acordado del Más Alto en la época de vuestra riqueza! (Lc 6:24, 16:25)

7b Los que poseéis el oro y la plata pereceréis repentinamente en el juicio.

9 "Habéis blasfemado y cometido injusticia y estáis maduros para el día de la matanza y la oscuridad, para el día del gran juicio.

10 "Os digo y os anuncio que quien os ha creado os derrocará y sobre vuestra ruina no habrá misericordia pues vuestro Creador se alegrará de vuestra destrucción.

11 "Y vosotros justos en esos días seréis un reproche para los pecadores y los impíos.

Capítulo 95

1 ¡Oh, si mis ojos fueran aguas y yo pudiera llorar sobre vosotros, extendería mis lágrimas como nubes y podría consolar mi angustiado corazón! (Lc 19:41)

2 ¿Quién os ha permitido hacer ofensas y practicar maldades? El juicios alcanzará a vosotros, pecadores.

3 No temáis a los pecadores, oh justos, porque el Soberano del Universo los entregará de nuevo en vuestras manos para que vosotros los juzguéis a gusto. (Is 8.12; 2M 6:26; Mt 10:26-28; 1Co 6:2; 1P 3:14)

4 ¡Desgracia para vosotros que lanzáis anatemas que no se pueden romper, el remedio está lejos de vosotros a causa de vuestros pecados! (Sal 62:13; Mt 6.38-47; Lc 6:27-28; Ro 2:1-2,6; 12:17-19)

5 ¡Desgracia para vosotros que devolvéis el mal a vuestro prójimo, porque seréis tratados de acuerdo a vuestras obras!

6 ¡Desgracia para vosotros testigos falsos y para quienes pesáis el precio de la injusticia, porque pereceréis repentinamente!

7 ¡Desgracia para vosotros pecadores que perseguís a los justos, porque vosotros mismos seréis entregados y perseguidos a causa de esa injusticia y el peso de su yugo caerá sobre vosotros!

Capítulo 96

1 Tened esperanza oh justos, porque repentinamente perecerán los pecadores ante vosotros, y tendréis dominio sobre ellos de acuerdo a vuestro deseo.

2 En el día de la tribulación de los pecadores, vuestros hijos ascenderán y volarán como águilas y vuestro nido estará más alto que el de los cóndores; como ardillas subiréis y como conejillos podréis entrar en las hendiduras de la tierra y en las grietas de las rocas, lejos para siempre de la presencia de los injustos, que gemirán como sirenas y llorarán por causa de vosotros.

3 Por tanto, no temáis vosotros los que habéis sufrido, porque la sanación será distribuida entre vosotros, una luz radiante os iluminará y escucharéis del cielo la palabra de descanso. (Mt 11:28)

4 ¡Desgracia para vosotros pecadores porque vuestra riqueza os da la apariencia de justos, pero vuestros corazones os convencen de que sois pecadores y ello será un testimonio contra vosotros y vuestras malas acciones!

5 ¡Desgracia para vosotros que devoráis la flor del trigo, que bebéis vino en grandes tazas y que con vuestro poder pisoteáis a los humildes!

6 ¡Desgracia para vosotros que podéis beber agua fresca en cualquier momento, porque de un momento a otro recibiréis vuestra recompensa: seréis consumidos y exprimidos hasta la última gota, porque rechazasteis la fuente de la vida!

7 ¡Desgracia para vosotros que forjáis la injusticia, el fraude y la blasfemia, porque contra vosotros habrá un memorial por delitos!

8 ¡Desgracia para vosotros poderosos que con la violencia oprimís al justo, porque el día de vuestra destrucción está llegando, el día de vuestro juicio y en ese tiempo vendrán días numerosos y buenos para los justos.

Capítulo 97

1 Creed, oh justos, porque los pecadores serán avergonzados y perecerán el día de la iniquidad.

2 Sabed pecadores que el Más Alto está pendiente de vuestra destrucción y que los ángeles del cielo se alegran por vuestra perdición.

3 ¿Qué vais a hacer pecadores y a dónde huiréis el día del juicio cuando escuchéis el murmullo de la oración de los justos?

4 Os irá como a aquellos contra quienes estas palabras serán un testimonio: "Sois cómplices de pecado".

5 En esos días la oración de los justos llegará hasta el Señor y llegarán los días del juicio para vosotros.

6 Se leerán ante el Santo y el Justo todas las palabras sobre vuestra injusticia, se os llenará la cara de vergüenza y Él rechazará toda obra basada en la injusticia.

7 ¡Desgracia que estáis en medio del océano o sobre el continente, porque su memoria es funesta para vosotros!

8 ¡Desgracia para vosotros que adquirís el oro y la plata con la injusticia! Decís: "Hemos llegado a ser ricos, a tener fortuna y propiedades y hemos conseguido lo que hemos deseado; (Jr 22:13-17; Mi 3:10; Ap 3:7)

9 realicemos ahora nuestros proyectos, porque hemos acumulado plata, llenan nuestros depósitos hasta el borde, como agua, y numerosos son nuestros trabajadores". (Am 8:5)

10 Como agua se derramarán vuestras quimeras, porque vuestra riqueza no permanecerá, sino que súbitamente volara de vosotros, porque la habéis adquirido con injusticia y seréis entregados a una gran maldición. (Ha 2:5-8)

Capítulo 98

1 Ahora juro ante vosotros, para los sabios y para los tontos, que tendréis extrañas experiencias sobre la tierra.

2 Porque vosotros los hombres os pondréis más adornos que una mujer y más ropas de colores que una muchacha. En la realeza, en la grandeza y en poder; en la plata, en el oro y en el púrpura; en el esplendor y en los manjares, ellos serán derramados como agua.

3 Porque carecerán de conocimiento y sabiduría y a causa de ello serán destruidos junto con sus propiedades, su gloria y su esplendor, con oprobio, mortandad y gran carestía, su espíritu será arrojado dentro de un horno ardiente.

4 Juro ante vosotros pecadores que así como una montaña no se convierte en un esclavo ni una colina se convierte en una sirvienta, así el pecado no ha sido enviado sobre la tierra sino que el hombre lo ha cometido y cae bajo una gran maldición quien lo comete. (Mt 15:19)

5 La esterilidad no ha sido dada a la mujer sino que es por causa de la obra de sus manos por la que muere sin hijos.

6 Os juro a vosotros pecadores por el Santo y el Grande que todas vuestras malas acciones son manifiestas en los cielos y que ninguno de vuestros actos de opresión está oculto o secreto. (Lc 8:17, 12:2)

7 No penséis en vuestro espíritu ni digáis en vuestro corazón que no sabíais o no veíais que todo pecador es inscrito diariamente en el cielo ante la presencia del Más Alto. (Mt 25:44)

8 Desde ahora sabéis que toda la opresión que ejercéis es registrada día a día hasta el día del juicio.

9 ¡Desgracia para vosotros insensatos porque seréis perdidos por vuestra necedad! No escuchasteis a los sabios y la buena suerte no será vuestra herencia.

10 Ahora sabéis que estáis preparados para el día de la destrucción, por eso no esperéis vivir vosotros, pecadores, sino apartarse y morir; porque vosotros no conoceréis redención, ya que estáis preparados para el día del gran juicio, día de la gran tribulación y de la gran vergüenza para vuestros espíritus.

11 ¡Desgracia para vosotros los de corazón espeso que forjáis la maldad y coméis sangre! ¿De dónde coméis tanto y tan bueno y bebéis y os hartáis si no es de todos los bienes que el Señor, el Más Alto ha puesto sobre la tierra? Vosotros no tendréis paz. (Mt 10:34)

12 ¡Desgracia para vosotros que amáis la injusticia! ¿Por qué os prometisteis la felicidad? Sabed que seréis librados a las manos de los justos que os cortarán la cabeza y os matarán y no tendrán piedad de vosotros.

13 ¡Desgracia para vosotros que os complacéis por la tribulación de los justos, porque ninguna tumba será excavada para vosotros!.

14 ¡Desgracia para vosotros que tenéis en nada la palabra de los justos, porque no hay para vosotros esperanza de vida!

15 ¡Desgracia para vosotros que escribís mentiras y palabras impías! Porque escriben sus mentiras para que la gente pueda escucharlas y hagan mal a su prójimo; por eso ellos no tendrán paz sino que perecerán súbitamente.

Capítulo 99

1 ¡Desgracia para vosotros que actuáis con impiedad, alabáis la mentira y la ensalzáis: pereceréis y no habrá vida feliz para vosotros!

2 ¡Desgracia para quienes pervierten las palabras de verdad, trasgreden la ley eterna y se convierten en lo que no eran: sobre la tierra serán pisoteados!

3 En esos días, estad listos, oh justos, para elevar vuestras oraciones y ponerlas como testimonio ante los ángeles, para que ellos puedan recordar los pecados de los pecadores ante el Más Alto.

4 En esos días las naciones se agitarán y las familias de los pueblos se levantarán en el día de la destrucción.

5 En esos días los miserables saldrán y llevarán a sus hijos y los abandonarán y sus hijos perecerán; abandonarán hasta a sus niños de pecho, no volverán a ellos y no tendrán compasión de sus seres queridos.

6 De nuevo os juro pecadores que el pecado está maduro para el día del incesante derramamiento de sangre.

7 Los que adoran la piedra y los que fabrican imágenes de oro, plata, madera o barro y los que adoran espíritus impuros o demonios y toda clase de ídolos sin discernimiento, a ellos ninguna ayuda les llegará.

8 Ellos caen en la impiedad por causa de la necedad de sus corazones, sus ojos están enceguecidos al temor de sus corazones y a la visión de sus sueños.

9 Por eso se vuelven impíos y temibles, porque han forjado con toda su obra un engaño y han adorado la piedra perecerán en un instante.

10 En cambio, en esos días bienaventurados quienes acepten las palabras de sabiduría y las entiendan, sigan los caminos del Más Alto, caminen por los senderos de su justicia y no se conviertan a la impiedad con los impíos; porque ellos serán salvados. (Jr 15:19)

11 ¡Desgracia para vosotros que difundís la maldad entre vuestro prójimo, porque quedaréis muertos en la tumba!

12 ¡Desgracia para vosotros que usáis una medida de fraude y de trampa y que provocáis la amargura sobre la tierra, porque por eso seréis consumidos! (Lv 20:35-36; Dt 25:13-15; Pr 20:10; Am 8:5; Os 12:8; Mi 6:10)

13 ¡Desgracia para vosotros que edificáis vuestra casa gracias al trabajo de los demás: todos los materiales de construcción son ladrillos y piedras de injusticia y os digo que no tendréis ni un momento de paz! (Pr 21:9 LXX)

14 ¡Desgracia para aquellos que rechazan la mesura y la herencia eterna de sus padres y cuyas lamas siguen luego a los ídolos, porque ellos no tendrán descanso!

15 ¡Desgracia para aquellos que obran injusticia, colaboran con la opresión y asesinan a su prójimo, hasta el día del gran juicio!.

16 Porque Él echará por tierra vuestra gloria, causará dolor en vuestros corazones, suscitará su cólera y os destruirá a todos con la espada y todos los santos y los justos se acordarán de vuestros pecados.

Capítulo 100

1 En esos días en un mismo lugar serán castigados juntos los padres y sus hijos, y los hermanos uno con otro caerán en la muerte hasta que corra un río con su sangre.

2 Porque un hombre no podrá impedir a su mano que asesine a su hijo y a su nieto, ni el pecador podrá impedir a su mano que asesine a su querido hermano, desde el amanecer hasta que el sol se oculte, ellos se degollarán entre sí. (Ex 32:27-28)

3 El caballo avanzará hasta que su pecho se bañe en sangre y el carro hasta que su parte superior sea sumergida.

4 En esos días los ángeles descenderán en un sitio escondido, reunirán en solo lugar a todos los que han hecho llegar el pecado y en ese día del juicio el Más Alto se levantará para sentenciar el gran juicio en medio de los pecadores.

5 Para todos los justos y los santos Él designará Vigilantes de entre los santos ángeles, ellos les guardarán como a la niña de un ojo hasta que Él extermine toda maldad y todo pecado y si los justos duermen un sueño largo, no tendrán de qué preocuparse.

6 Entonces los hijos de la tierra observarán la sabiduría en seguridad y entenderán todas las palabras de este libro y reconocerán que la riqueza no puede salvarlos de la ruina de su pecado.

7 ¡Desgracia para vosotros si en el día de la terrible angustia atormentáis a los justos o los quemáis con fuego, pues seréis compensados de acuerdo con vuestras obras!

8 ¡Desgracia para vosotros duros de corazón que veláis para planificar la maldad, porque el terror se apoderará de vosotros y nadie os ayudará!

9 ¡Desgracia para vosotros pecadores por causa de las palabras de vuestra bocas y de las obras de tus manos, las cuales vuestra maldad ha forjado; en unas llamas ardientes peores que el fuego, os quemaréis! (Ap 20:15)

10 Ahora, sabed que para Él, los ángeles del cielo investigarán vuestras acciones, desde el sol, la luna y las estrellas en referencia a vuestro pecado, porque sobre la tierra ya ejecutó el juicio sobre los justos;

11 pero Él añadirá como testimonio contra vosotros toda nube, neblina, rocío o lluvia que estarán impedidos para descender sobre vosotros y pondrán atención a vuestros pecados.

12 ¡Ahora dadle regalos a la lluvia a ver si no se niega a descender sobre vosotros! ¿Cuándo ha aceptado el rocío oro y la plata para descender?.

13 Cuando caigan sobre vosotros la escarcha y la nieve con sus escalofríos y todas las tormentas de nieve con sus calamidades, en esos días no podréis manteneros ante ellos.

Capítulo 101

1 Hijos del cielo observad el cielo y toda la obra del Más Alto, temblad ante Él y no obréis el mal en su presencia.

2 Si el cierra las ventana del cielo e impide a la lluvia y al rocío caer sobre vosotros ¿qué haréis?

3 Si envía contra vosotros su cólera a causa de todas vuestras obras, no tendréis ocasión de suplicarle si pronunciáis contra su justicia palabra soberbias e insolentes y así no tendréis paz.

4 ¿No veis a los pilotos cuando son agitados sus navíos por las olas y sacudidos por los vientos y caen en peligro?

5 A causa de esto temen que todas sus magníficas propiedades se vayan al mar con ellos y hacen malos presagios: que el mar os devorará y perecerán allí.

6 Todo el mar, todas sus aguas y todos sus movimientos ¿no son acaso obra del Más Alto, no ha puesto Él su sello sobre toda su acción y no lo ha encadenado a la arena?

7 En su reprimenda está temblando, se seca y todos sus peces mueren, así como todo lo que contiene, pero vosotros pecadores que estáis sobre la tierra, no le teméis .

8 ¿Acaso no ha hecho Él el cielo y la tierra y todo lo que contienen? ¿Quién a dado la ciencia y la sabiduría a todos los que se mueven en la tierra y en el mar?

9 Los pilotos de los navíos no le temen al mar y los pecadores no le temen al Más Alto.

Capítulo 102

1 En esos días si Él lanza sobre vosotros un fuego terrible ¿a dónde huiréis y cómo os salvaréis? Y si lanza su palabra sobre vosotros ¿no estaréis consternados y no temblaréis?

2 Todas las luminarias serán presas de un gran temor y la tierra entera estará aterrada, temblará y se alarmará.

3 Todos los ángeles ejecutarán sus órdenes y buscarán ocultarse a sí mismos de la presencia de la Gran Gloria; los hijos de la tierra temblarán y se

estremecerán y vosotros pecadores seréis malditos para siempre y no tendréis paz.

4 No temáis vosotras, almas de los justos; tened esperanza vosotros que habéis muerto en la justicia.

5 No os entristezcáis si vuestra alma h descendido con dolor a la tumba y si a vuestro cuerpo no le ha ido en vida de acuerdo con vuestra bondad. En cambio, espera el día del juicio de los pecadores, el día de la maldición y el castigo .

6 Cuando morís, los pecadores dicen de vosotros: "Tal como nosotros estamos muertos, los justos están muertos, ¿que provecho han sacado de sus obras?

7 "Al igual que nosotros ellos han muerto en la tristeza y en las tinieblas y ¿qué tienen de más que nosotros? Desde ahora somos iguales.

8 "¿Qué se llevarán y qué verán en la eternidad? Porque he aquí que ellos han muerto también y desde ahora no verán la luz".

9 Yo os digo: "A vosotros pecadores os basta comer y beber, robar, pecar, despojar a los hombres, adquirir riquezas y vivir felices días. (Is 22:15; 1Co 15:32)

10 "¿Habéis visto el final de los justos? No se ha encontrado en ellos ninguna clase de violencia hasta su muerte.

11 "Sin embargo han muerto, ha sido como si no hubieran sido y sus vidas han bajado a la tumba en la aflicción.

Capítulo 103

1 "Pero, ahora os juro a vosotros justos, por la gloria del Grande, del Glorioso, del Poderoso en dominio y por su grandeza:

2 "Conozco el misterio, lo he leído en las tablillas del cielo, he visto el libro de los santos y he encontrado escrito y registrado en ellos:

3 que todo bienestar, alegría y gloria están preparados para ellos y escritos para los que han muerto en la justicia; numerosos bienes os serán dados en recompensa de vuestros trabajos y vuestro destino será mejor que el de los vivos. (Is 42:20, 64:3; Jr 3:16; 1Co 2:9)

4 "Las almas de vosotros los que habéis muerto en la justicia vivirán y se alegrarán y vuestro espíritu y vuestra memoria no perecerán ante la presencia del Grande por todas las generaciones del mundo y desde ahí no temeréis la afrenta".

5 ¡Desgraciados vosotros que habéis muerto pecadores! Si morís en la riqueza de vuestros pecados, los que son como vosotros dicen: "Dichosos estos pecadores que han visto todos sus días,

6 y ahora han muerto en el placer y en las riquezas y no han visto en su vida la tribulación ni el asesinato, han muerto en la gloria y no se ha proferido juicio contra ellos en vida".

7 Sabed que hará descender vuestras almas al seol, serán allí desgraciadas y su sufrimiento será grande

8 en las tinieblas, las cadenas y el fuego ardiente, allí en donde se ejecutará el gran castigo. ¡Desgraciados vosotros porque no tendréis paz!.

9 No digáis al observar a los justos y buenos que están con vida: "Durante su vida han trabajado laboriosamente y experimentado mucho sufrimiento, han conocido muchos males, han sido consumidos, disminuidos y su espíritu humillado.

10 "Han sido destruidos y no han encontrado a nadie que los ayude ni con una palabra, han sido torturados y no esperan ver la vida al día siguiente.

11 "Esperaban ser la cabeza pero son la cola. han sufrido trabajando pero no disponen del fruto de su trabajo; son alimento de los pecadores y los malvado han descargado su yugo sobre ellos.

12 "Les han dominado los que los odian y los que los agreden. Ante quines los odian han bajado la cabeza y ellos no han tenido piedad.

13 "Han intentado alejarse de ellos para escapar y descansar pero no han encontrado a dónde huir ni cómo escapar de ellos.

14 "Se han quejado ante los gobernantes por su tribulación y han gritado contra quienes los devoran, pero sus gritos no han sido atendidos ni escucharían su voz,

15 porque los gobernantes ayudan a los que los despojan y devoran, a los que han reducido su número; encubren la opresión; no retiran el yugo de los que los devoran, desplazan y matan; ocultan su violencia y no recuerdan que han levantado su mano contra Él".

Capítulo 104

1 Os lo juro, en el cielo los ángeles se acuerdan de vosotros para bien, en presencia de la Gloria del Grande.

2 Esperad, aunque primero habéis sido afligidos con la desgracia y el sufrimiento, ahora brillaréis como las luminarias del cielo. Apareceréis y brillaréis y la puerta del cielo se abrirá ante vosotros. (Mt 5:5-12)

3 Con vuestro grito, gritad por justicia y ella aparecerá para vosotros, porque toda vuestra tribulación será visitada en los gobernantes y en todos los que han ayudado a quienes os despojan.

4 Esperad y no renunciéis a vuestra esperanza porque disfrutaréis de una gran alegría, como los ángeles en el cielo.

5 ¿Qué debéis hacer? No tendréis que esconderos el día del gran juicio, no seréis tomados por pecadores, el juicio eterno caerá lejos de vosotros para todas las generaciones del mundo.

6 Ahora no temáis, oh justos, cuando veáis a los pecadores crecer en fuerza y prosperidad en sus caminos ni os asociéis con ellos sino manteneos alejados de su violencia, porque vosotros seréis socios de las huestes de los cielos.

7 Aunque vosotros pecadores digáis: "Ninguno de nuestros pecados debe ser investigado ni registrado", sin embargo vuestros pecados son anotados todos los días.

8 Ahora os muestro que la luz y las tinieblas, el día y la noche vienen sobre vosotros. (Jn 3:20; Ef 5:13)

9 No seáis impíos en vuestros corazones, no mintáis ni alteréis la palabra de la verdad, no acuséis de mentirosa a la palabra del Santo y del Grande, no toméis en cuenta a vuestros ídolos porque todas vuestras mentiras e impiedades no os serán imputadas como justicia sino como un gran pecado.

10 Ahora sé este misterio: los pecadores alterarán y desnaturalizarán en muchas formas la palabra de verdad y proferirán palabras inicuas, mentirán e inventarán grandes falsedades y escribirán libros sobre sus palabras.

11 Sin embargo si ellos escriben verdaderamente toda mi palabra en sus idiomas y si no alteran ni abrevian mis palabras, sino que escriben todo según la verdad, todo eso lo testificaré de primero en favor de ellos. (Fp 1:18)

12 Sé otro misterio: las escrituras serán dadas a los justos y a los sabios para comunicar alegría, rectitud y mucha sabiduría.

13 Las escrituras les serán dadas, ellos creerán y se regocijarán en ellas; se alegrarán todos los justos al aprender de ellas todos los caminos de justicia.

Capítulo 105

1 En esos días el Señor les designó entre los hijos de la tierra para leerlas y para darles testimonio sobre su sabiduría, diciéndoles: "Enseñádselo, porque seréis sus guías y recibiréis las recompensas; entre todos los hijos de la tierra vosotros tendréis toda recompensa.

2 ¡Alegraos pues, hijos de la justicia, tendréis paz! Amen

FRAGMENTO (DEL LIBRO DE NOÉ)

Capítulo 106

1 Pasado un tiempo tomé yo, Enoc, una mujer para Matusalén mi hijo y ella le parió un hijo a quien puso por nombre Lamec diciendo: "Ciertamente ha sido humillada la justicia hasta este día". Cuando llegó a la madurez tomó Matusalén para él una mujer y ella quedó embarazada de él y le dio a luz un hijo. (Gn 5:25,28)

2 Cuando el niño nació su carne era más blanca que la nieve mas roja que la rosa, su pelo era blanco como la lana pura, espeso y brillante. Cuando abrió los ojos iluminó toda la casa como el sol y toda la casa estuvo resplandeciente.

3 Entonces el niño se levantó de las manos de la partera, abrió la boca y le habló al Señor de justicia.

4 El temor se apoderó de su padre Lamec y huyó y fue hasta donde su padre Matusalén.

5 Le dijo: "He puesto en el mundo un hijo diferente, no es como los hombres sino que parece un hijo de los ángeles del cielo, su naturaleza es diferente, no es como nosotros; sus ojos son como los rayos del sol y su rostro es esplendoroso.

6 "Me parece que no fue engendrado por mí sino por los ángeles y temo que se realice un prodigio durante su vida.

7 "Ahora, padre mío, te suplico y te imploro que vayas a lado de Enoc nuestro padre y conozcas con él la verdad, ya que su residencia está con los ángeles".

8 Así pues cuando Matusalén hubo oído las palabras de su hijo, vino havia mí en los confines de la tierra, porque se había enterado que yo estaba allí; gritó y oí su voz; fui a él y le dije: "Heme aquí hijo mío ¿por qué has venido hacia mí?".

9 Me dijo: "He venido hacia ti debido a una gran inquietud y a causa de una visión a la que me he acercado.

10 Ahora escúchame padre mío, le ha nacido un hijo a mi hijo Lamec, que no se parece a él, su naturaleza no es como la naturaleza humana, su color es más blanco que la nieve y más rojo que la rosa, los cabellos de su cabeza son más blancos que la lana blanca, sus ojos son como los rayos del sol y al abrirse han iluminado toda la casa.

11 "Se ha levantado de las manos de la partera , ha abierto la boca y ha bendecido al Señor del cielo.

12 "Su padre Lamec ha sido presa del temor y ha huido hacia mí, no cree que sea suyo sino de los ángeles del cielo y heme aquí que he venido hacia ti para que me des a conocer la verdad".

13 Entonces yo Enoc, le respondí diciendo: "Ciertamente restaurará el Señor su ley sobre la tierra, según vi y te conté, hijo mío. En los días de Yared, mi padre, transgredieron la palabra del Señor.

14 "He aquí que pecaron, transgredieron la ley del Señor, la cambiaron para ir con mujeres y pecar con ellas; desposaron a algunas de ellas, que dieron a luz criaturas no semejantes a los espíritus, sino carnales.

15 "Habrá por eso gran cólera y diluvio sobre la tierra y se hará gran destrucción durante un año.

16 "Pero ese niño que os ha nacido y sus tres hijos, serán salvados cuando mueran los que hay sobre la tierra.

17 "Entonces descansará la tierra y será purificada de la gran corrupción.

18 "Ahora di a Lamec: 'él es tu hijo en verdad y sin mentiras, es tuyo este niño que ha nacido'; que le llame Noé porque será vuestro descanso cuando descanséis en él y será vuestra salvación, porque serán salvados él y sus hijos de la corrupción de la tierra, causada por todos los pecadores y por los impíos de la tierra, que habrá en sus días. (Gn 5:29)

19 "A continuación habrá una injusticia aun mayor que esta que se habrá consumado en sus días. Pues yo conozco los misterios del Señor, que los santos me han contado y me han revelado y que leí en las tablas del cielo.

Capítulo 107

1 "Yo vi escrito en ellas que generación tras generación obrará el mal de este modo, y habrá maldad hasta que se levanten generaciones de justicia, la impiedad y la maldad terminen y la violencia desaparezca de la tierra y hasta que el bien venga a la tierra sobre ellos.

2 "Ahora, ve Lamec, tú hijo, y dile que este niño es, de verdad y sin mentiras, su hijo".

3 Y cuando Matusalén hubo escuchado la palabra de su padre Enoc, que le había revelado todas las cosas secretas, él regresó y la hizo conocer y le dio a este niño el nombre de Noé, pues él debía consolar la tierra de toda la destrucción.

Capítulo 108

1 Otro libro que escribió Enoc para su hijo Matusalén y para aquellos que vendrán después de él y guardarán la ley en los últimos días.

2 Vosotros habéis obrado bien, esperad estos días hasta que el final sea consumado para los que obran mal y hasta que sea consumido el poder de los pecadores.

3 Esperad porque verdaderamente el pecado pasará y el nombre de los pecadores será borrado del libro de la vida y del libro de los santos; y su semilla será destruida para siempre, sus espíritus serán muertos, se lamentarán en un desierto caótico y arderán en el fuego porque allí no habrá tierra.

4 Observé allí una nube que no se veía bien porque a causa de su profundidad no podía mirar por encima; vi una llama de fuego ardiendo resplandecer y como montañas brillantes que daban vueltas y se arrastraban de un lado para otro.

5 Le pregunté a uno de los ángeles santos, que iba conmigo, y le dije: "¿Qué es se objeto brillante?" Porque no es el cielo sino solamente una llama brillante que arde y un estruendo de gritos, llantos, lamentos y gran sufrimiento.

6 Me dijo: " A este lugar que ves allí son arrojadas las almas de los pecadores, de los impíos, de los que obran mal y de todos aquellos que alteren lo que el Señor ha dicho por boca de los profetas, lo que será.

7 Porque algunas de estas cosas están escritas en libros y otras grabadas en lo alto del cielo para que los ángeles y los santos las lean y sepan lo que ocurrirá a los pecadores, a los espíritus humildes, a quienes han afligido sus cuerpos y han sido recompensados por Dios y a quienes han sido ultrajados por los malvados;

8 a quienes han amado a Dios y no han amado el oro ni la plata ni ninguna de las riquezas de este mundo y sus cuerpos han sido torturados; (Mt 6:24; Lc 16:13)

9 a quienes después de existir no han deseado alimento terrestre, son mirados como una brisa que pasa y viven de acuerdo con ello y el Señor ha probado sus almas y las ha encontrado puras para bendecir su nombre.

10 He expuesto en los libros toda su bendición: Él les ha recompensado pues ha sido hallado que aman más al cielo que al solo de este mundo y mientras eran pisoteadas por los malvados y oían las ofensas y maldiciones y eran ultrajadas, ellas me bendecían.

11 Ahora apelaré a los espíritus de los buenos ente las generaciones de luz y transformaré a quienes han nacido en tinieblas y no han recibido en su cuerpo honor y gloria ni recompensa como convenía a su fe.

12 Exhibiré en una luz resplandeciente a quienes han amado mi nombre santo y los haré sentar en un trono.

13 Brillarán por tiempos innumerables, pues el juicio de Dios es justo y Él restaurará la fidelidad de los fieles en la morada de los caminos de la verdad. (4Es 2:35)

14 Ellos verán arrojar en las tinieblas a quienes han vivido en las tinieblas, mientras que los justos brillarán.

15 Los pecadores gritaran fuerte y los verán brillar a ellos, que verdaderamente saldrán los días y tiempos que están prescritos para ellos.